C·H·Beck
PAPERBACK

Ist es rational, an den Gott der monotheistischen Religionen, insbesondere des Christentums, zu glauben? Der Autor erörtert in leicht verständlicher Sprache die wichtigsten Argumente pro und kontra. Ausgangspunkt dieser Argumente sind das Weltbild der Wissenschaft und religiöse Erfahrungen ebenso wie die Suche nach dem moralischen Fundament sowie dem Sinn des Lebens. Besondere Beachtung findet das Problem der Vereinbarkeit des Übels in der Welt mit der Allmacht und Allgüte Gottes. Wer sich ernsthaft mit der Gottesfrage beschäftigen möchte, wird die kompromißlose Denkweise des Autors anregend finden.

Norbert Hoerster, geboren 1937, lehrte von 1974 bis 1998 als Professor Rechts- und Sozialphilosophie an der Universität Mainz. Seine jüngsten Buchveröffentlichungen sind *Ethik und Interesse* (Reclam 2003), *Haben Tiere eine Würde?* (C. H. Beck 2004), *Was ist Recht?* (C. H. Beck ²2013), *Was ist Moral?* (Reclam 2008) und *Was können wir wissen?* (C. H. Beck 2010).

Norbert Hoerster

Die Frage nach Gott

C.H.Beck

1. Auflage 2005
2. Auflage 2007
3. Auflage 2010

Originalausgabe
Unveränderter Nachdruck
4. Auflage. 2021
© Verlag C.H.Beck oHG, München 2005
Satz: C.H.Beck.Media.Solutions, Nördlingen
Druck und Bindung: Beltz Bad Langensalza GmbH, Bad Langensalza
Umschlagentwurf: malsyteufel, Willich
Printed in Germany
ISBN 978 3 406 76296 3

www.chbeck.de

Inhalt

I. Einleitung: Kann der Gottesglaube vernünftig sein?   7

II. Was verstehen wir unter «Gott»?   12
   1. Der monotheistische Gottesbegriff   12
   2. Das ontologische Argument   15

III. Wird durch die Existenz Gottes die Welt erklärt?   18
   1. Das kosmologische Argument   18
   2. Das teleologische Argument   27

IV. Offenbart sich uns Gott?   33
   1. Göttliche «Wunder»   33
   2. «Begegnungen» mit Gott   42

V. Ist Gott unverzichtbar für die Moral?   51
   1. Die Moralbegründung   53
   2. Das moralische Verhalten   56

VI. Gibt der Gottesglaube unserem Leben Sinn?   66
   1. Die Lebensbewältigung im Diesseits   67
   2. Die Erwartung eines Jenseits   79

VII. Warum läßt Gott das Übel zu?   87
   1. Die Grausamkeiten der Natur   93
   2. Die Verbrechen der Menschen   102

VIII. Schluß: Wie überlebt der Gottesglaube?   114

IX. Epilog   121

Nachbemerkung zur Neuauflage   122

Verzeichnis der zitierten Literatur   123
Literaturempfehlungen   125

«Das schlußfolgernde Denken kann mit Gewißheit die Existenz Gottes und die Unendlichkeit seiner Vollkommenheiten beweisen.»
Papst Gregor XVI., 1840

«Unsere ... begrenzte Erfahrung versetzt uns nicht in die Lage, über die Gesamtheit der Dinge irgendeine Hypothese aufzustellen, die als wahrscheinlich gelten kann.»
David Hume, 1779

«Der Umweltgebundenheit der Tiere entspricht also beim Menschen ... seine unendliche Angewiesenheit auf Gott. Was für das Tier die Umwelt, das ist für den Menschen Gott.»
Wolfhart Pannenberg, 1962

«Da haben sie denn sich auf die Behauptung geworfen, das Dasein Gottes sei zwar keines Beweises fähig, bedürfe aber auch desselben nicht: denn es verstände sich von selbst.»
Arthur Schopenhauer, 1851

«Gott hat Leben und Leiden in der Hand und teilt es nach Belieben zu. Er ist freier Herr und niemandem Rechenschaft schuldig.»
Klaus Berger, 1996

«Wenn ich diesem Wesen die Attribute höchster menschlicher Moral zusprechen soll, dann sage ich deutlich, daß ich das nicht tun werde.»
John Stuart Mill, 1865

I. Einleitung:
Kann der Gottesglaube vernünftig sein?

In seiner Hausmitteilung vom 20.12.1997 schreibt *Der Spiegel:* «Unbestreitbar bleibt, daß die großen Kirchen in einer Zeit, in der alle Welt den Verlust der Werte beklagt, außerstande sind, Sinn zu stiften und die Gläubigen bei sich zu behalten.» Die Gläubigen verlassen die großen Kirchen in unterschiedliche Richtungen. Keineswegs alle kehren jeglicher Religion den Rücken. Viele suchen ihr Heil in alternativen Formen des Christentums oder in nichtchristlichen, oft fernöstlichen Formen der Religiosität.

In diesen Zeiten haben solche Vertreter christlicher Lehren Hochkonjunktur, die innerkirchliche Reformen fordern. Die Gläubigen sollen die Möglichkeit erhalten, ihre dem Zeitgeist entsprechenden Vorstellungen, die vom überkommenen kirchlichen Dogma abweichen, auch *innerhalb* der Kirchen problemlos zu verwirklichen. Wie sehr diese Strategie tatsächlich der Mentalität vieler Gläubigen entgegenkommt, zeigt etwa der große Publikumserfolg von Theologen, die sich vor allem dadurch profilieren, daß sie innerhalb der *katholischen* Kirche Positionen einnehmen, die innerhalb der *evangelischen* Kirche längst Allgemeingut sind.

Die eigentlich grundlegende, philosophische Frage christlichen Glaubens bleibt von solcher Kritik am traditionellen Kirchenchristentum vollkommen unberührt. Diese Frage betrifft die fundamentale Voraussetzung jedes Christentums, ja jedes monotheistischen Glaubens schlechthin: die Existenz Gottes. Ist der Glaube an Gott überhaupt rational oder vernünftig?

Diese grundlegende Frage, mit der sich jeder Glaube monotheistischer Art konfrontiert sieht, wird in der deutschen Philosophie und Theologie seit langem nur noch stiefmütterlich behandelt. Der Gottesglaube als Fundament christlicher Religion wird weithin als Ergebnis individueller Veranlagung, sozialer Prägung oder persönlicher Entscheidung betrachtet, das sich jeder rationalen Erörterung entzieht. Man nimmt zur Kenntnis, daß nicht wenige Menschen tatsächlich im Rahmen einer religiösen Einstellung an Gott glauben und diesen Glauben offenbar auch brauchen. Rationale Argumente pro und kontra hält man unter diesen Umständen für unpassend: Religion sei ja keine Wissenschaft.

Ich möchte auch dem philosophisch Ungeübten zeigen, daß diese Sicht der Dinge falsch ist. Richtig sind zwar die folgenden Behauptungen: 1. Eine christlich religiöse Haltung oder Einstellung besteht in weit mehr als in der Annahme der Existenz Gottes; sie umfaßt vielmehr auch solche Phänomene wie die Verehrung Gottes, die Zwiesprache mit Gott, das Vertrauen zu Gott oder die Hoffnung auf Gott. 2. Die Faktoren, die Menschen zu einer religiösen Einstellung bringen, sind häufig nicht rationaler Natur, sondern gehen zurück auf Motive, die mit rationaler Reflexion wenig zu tun haben. 3. Die Existenz Gottes kann ihrer Natur nach gar nicht Gegenstand einer der etablierten, empirischen Wissenschaften sein.

Trotzdem ist es ein nicht seltener Fehlschluß, aus alledem die Folgerung zu ziehen, daß eine rationale Prüfung des Gottesglaubens für eine christliche Glaubenshaltung überhaupt nicht relevant sei und daß eine bewußte Entscheidung für oder gegen den Gottesglauben nur ein Akt irrationaler Willkür sein könne. Ebenso zutreffend wie die drei obigen Behauptungen sind nämlich die drei folgenden Behauptungen: 1. Die Tatsache, daß eine christliche Glaubenshaltung sich in der Annahme der Existenz Gottes nicht erschöpft, schließt nicht aus, daß diese Annahme gleichwohl die unverzichtbare Grundlage einer christlichen Glaubenshaltung ist. 2. Daß jemand aus irrationalen Motiven heraus etwas als wahr annimmt, schließt nicht aus, daß es gleichwohl rationale Gründe gibt, die seine Annahme rechtfertigen können. 3. Daß keine empirische Einzelwissenschaft die Frage nach der Existenz Gottes beantworten kann, schließt nicht aus, daß uns gleichwohl rationale Argumente, bezogen auf den Gottesglauben, zur Verfügung stehen.

Es ist kaum überzeugend, die Existenz Gottes einfach dadurch zu bestreiten, daß man sie als «für uns nicht einmal verständlich» bezeichnet und gleichzeitig den Gottesglauben als Ausdruck bloßen Wunschdenkens abtut (so aber Tugendhat, S. 123 f.). Beherzigenswert ist zwar die generelle *Warnung* «Alle Theorien, die von unseren Wünschen begünstigt werden, sind verdächtig» (Hume III, S. 57). Gleichwohl ist eine Annahme nicht schon automatisch falsch oder unbegründet, weil sie im Einklang mit unseren Wünschen steht. Meine Annahme, daß meine Frau mich liebt, mag falsch sein;

aber sie ist gewiß nicht deshalb falsch, weil ich mir wünsche, daß sie richtig ist.

Diese Sichtweise von der rationalen Diskutierbarkeit des Gottesglaubens entspricht in ihrem Ansatz der offiziellen Lehre etwa der katholischen Kirche. Es heißt nämlich im *Katechismus* der *Katholischen Kirche* (Nr. 35 und Nr. 31) ausdrücklich: «Die Fähigkeiten des Menschen ermöglichen ihm, das Dasein eines persönlichen Gottes zu erkennen.» Und zwar sind die Wege zu dieser Erkenntnis die «Gottesbeweise», die man allerdings nicht im Sinn «naturwissenschaftlicher Beweise», sondern im Sinn «übereinstimmender und überzeugender Argumente, die zu wirklicher Gewißheit gelangen lassen», verstehen muß. Ausgangspunkt der so verstandenen Gottesbeweise ist dabei «die Schöpfung – die materielle Welt und die menschliche Person».

In der Tat haben Philosophen und Theologen in der abendländischen Geschichte immer wieder solche «Gottesbeweise» oder Argumente für den Gottesglauben vorgebracht, ausführlich erörtert und schließlich akzeptiert bzw. abgelehnt. Manche dieser Argumente sind heute gewiß überholt. Andere dieser Argumente dagegen besitzen in ihrem Kern nach wie vor eine erhebliche Überzeugungskraft. Sie verdienen deshalb auch heute noch, verbreitet sowie unvoreingenommen und kritisch untersucht zu werden. Eine solche Untersuchung ist Gegenstand dieses Buches. Die entscheidende Frage dabei lautet, ob die betreffenden Argumente im Ergebnis dem zitierten Anspruch, zu einer Erkenntnis Gottes zu führen, tatsächlich genügen können.

Das Buch ist wie folgt aufgebaut. Kapitel II hat die Klärung des *Begriffs* Gottes zum Inhalt, mit der jede Erörterung der Gottesfrage beginnen muß. In diesem Zusammenhang wird eines der traditionellen Argumente für die Existenz Gottes kurz vorgestellt und kritisiert, welches heute freilich kaum noch vertreten wird.

In den Kapiteln III bis VI werden die wichtigsten der auch heute noch relevanten Argumente für die Existenz Gottes ausführlich behandelt. Es geht dabei um die folgenden vier Fragestellungen: Hilft es zur Erklärung der Welt, wenn wir für sie einen göttlichen Ursprung annehmen? Ist Gott dadurch erfahrbar, daß er sich den Menschen offenbart? Ist der Gottesglaube die notwendige Grundlage unserer Moral? Müssen wir die Existenz Gottes deshalb annehmen, weil wir unserem Leben dadurch einen Sinn geben? Die ersten beiden Fragestellungen sind rein theoretischer, die letzten beiden praxisbezogener Natur.

Von besonderer Bedeutung für die Frage nach Gott ist das sogenannte Theodizee-Problem: Würde ein göttliches Wesen, an dessen Existenz sich glauben läßt, wirklich – christlicher Lehre entsprechend – in jeder Hinsicht vollkommen sein? Oder gibt es angesichts des Übels in der Welt sogar Argumente *gegen* die Existenz eines Gottes, der sich durch Allmacht und auch durch Allgüte auszeichnet? Um diese Fragen geht es in Kapitel VII.

Wenn in diesem Buch von «Beweisen» oder «Argumenten» für die Existenz Gottes die Rede ist, so sind damit stets rationale Gesichtspunkte gemeint, die jedenfalls auf den ersten Blick für die Annahme der Existenz Gottes eine gewisse Überzeugungskraft besitzen. Inwieweit diese anfängliche Überzeugungskraft einer kritischen Prüfung standhält, wird sich, so hoffe ich, im Lauf unserer Erörterungen herausstellen. Schon an dieser Stelle sei jedoch gesagt: Die Frage nach Gott wird auch durch noch so intensives Nachdenken und Argumentieren nicht zu einer Frage, auf die es eine eindeutige und sichere Antwort gibt.

Letzten Endes muß auch bei einer rationalen Betrachtung jeder, der an der Gottesfrage ernsthaft interessiert ist, sich über die betreffenden Argumente sein eigenes Urteil bilden und sich auf der Basis dieses Urteils entweder für oder gegen die Annahme der Existenz Gottes entscheiden. Trotzdem ist und bleibt es ein gewaltiger Unterschied, ob jemand diese Entscheidung entweder ohne Kenntnis oder nach sorgfältiger Prüfung der relevanten Argumente trifft. Auch derjenige Leser, der bei der Lektüre der folgenden Kapitel zu anderen Ergebnissen kommt als der Autor, wird durch seine kritische Beschäftigung mit diesen Argumenten seiner Einstellung zum Gottesglauben jedenfalls eine solide Basis geben.

Die am Anfang des Buches abgedruckten Zitate mögen einen Eindruck davon geben, wie sehr die Gottesfrage selbst unter Experten seit Jahrhunderten bis in die jüngste Gegenwart umstritten ist. Jeweils zwei Zitate enthalten Stellungnahmen zu drei grundlegenden Aspekten dieser Frage aus der Feder eines renommierten Gläubigen (und gelernten Theologen) und eines renommierten Ungläubigen (und gelernten Philosophen). Die Kluft zwischen den beiden Positionen erscheint in allen drei Fällen kaum überbrückbar.

Dafür, die Erörterung der Gottesfrage trotzdem weiterzuführen, spricht jedoch, daß es – einmal abgesehen von der großen Masse der Gleichgültigen – gelegentlich jüngere Menschen gibt, die sich noch für keine der beiden Positionen entschieden haben, und daß gelegentlich sogar ältere Menschen aufgrund von Argumenten die Seiten wechseln.

Enttäuscht werden jene Leser von dem Buch sein, die – nach dem Motto der bekannten protestantischen Theologin Dorothee Sölle – «atheistisch an Gott glauben». Ich weiß nicht, was es bedeuten soll, atheistisch an Gott zu glauben. Und ebensowenig kann ich eine Einstellung nachvollziehen, die der Kabarettist Matthias Beltz treffend wie folgt charakterisiert hat: «Die einen sagen, daß Gott existiert, die andern, daß Gott nicht existiert. Die Wahrheit wird, wie so oft, in der Mitte liegen» (zitiert nach: *Zweitausendeins.* Der 191. Katalog, S. 18).

Wenn ich in diesem Buch Beispiele christlicher Glaubensinhalte anführe, sind es zumeist solche katholischer Provenienz. Denn vom katholischen Glauben gibt es immerhin – in Form der Verkündigungen durch das päpstliche Lehramt – eine authentische Lesart. Wer die Gottesfrage etwa auf dem Hintergrund eines christlichen Protestantismus (zu dem inzwischen der Sache nach auch viele katholische Theologen jedenfalls in Deutschland übergetreten sind) erörtern möchte, sieht sich seit langem mit Lehren konfrontiert, die in ihrer Vielzahl und Unterschiedlichkeit keinen gemeinsamen Nenner mit hinreichend klaren Konturen mehr erkennen lassen.

Mein philosophisches Interesse an der Gottesfrage geht zurück auf Gespräche, die ich vor fünfzig Jahren mit meinen Lehrern im Internat des Jesuitenordens in Büren/Westf. führen durfte. Für kritische Durchsicht des Manuskripts danke ich meinen Kollegen Lothar Fritze und Peter Stemmer.

II. Was verstehen wir unter «Gott»?

1. Der monotheistische Gottesbegriff

Jede Erörterung von Argumenten in bezug auf die Existenz Gottes setzt voraus, daß man ein gewisses Verständnis davon hat, was das Wort «Gott» bedeutet. Denn es gilt generell: Man kann sich nicht sinnvollerweise Gedanken machen oder Argumente prüfen über die Existenz eines Gegenstandes oder eines Wesens, von dem man sich nicht zunächst einen *Begriff* gebildet hat. So muß man, um ein Beispiel anzuführen, sich erst einmal klarmachen, was man unter einem «Yeti» (einem offenbar sehr ungewöhnlichen Wesen, das in den Hochgebirgsregionen Zentralasiens leben soll) überhaupt *verstehen* will, bevor man ernsthaft damit beginnen kann, das Für und Wider der *Existenz* des Yeti zu erörtern.

Das heißt nicht, daß bereits in die Definition des Begriffs *sämtliche* Eigenschaften eingehen müssen, die man dem betreffenden Wesen, sofern man dieses Wesen für existent hält, letztlich zuschreiben möchte. Es heißt aber, daß in die Definition jedenfalls *einige charakteristische* Eigenschaften dieses Wesens eingehen müssen – also einige Eigenschaften, ohne deren Kenntnis man dieses Wesen überhaupt nicht als das, was es im Unterschied zu anderen Wesen ist, identifizieren kann.

Wie wollen wir also im Kontext der Erörterungen dieses Buches das Wort «Gott» verstehen? In der Geschichte der verschiedenen Religionen wie auch in der Geschichte der Philosophie gibt es eine Vielzahl sehr unterschiedlicher Auffassungen und Definitionen des Gottesbegriffs. Ungeachtet dessen werde ich in dieser Abhandlung einzig von jenem Gottesbegriff ausgehen, der die drei großen monotheistischen Religionen (Judentum, Christentum und Islam) gemeinsam kennzeichnet. Denn dieser Gottesbegriff bestimmt nicht nur die *religiöse* Tradition unserer eigenen, abendländischen Gesellschaft. Er steht auch im Zentrum der *philosophischen* Diskussion der Gottesfrage, wie sie seit dem Mittelalter im Abendland geführt wird. Wir wollen diesen Gottesbegriff als den «monotheistischen» oder einfach «theistischen» bezeichnen.

Nach theistischem Verständnis ist Gott das *einzige, ewige, personale und körperlose, höchst vollkommene Wesen, das die Welt erschaffen hat sowie erhält und lenkt.* (Siehe auch Swinburne, S. 16 ff., und Mackie, S. 9 ff.) Gott ist also durch die Summe der folgenden sechs Eigenschaften oder Merkmale definiert: 1. als einzig; 2. als ewig existent; 3. als körperlose Person; 4. als uneingeschränkt vollkommen; 5. als Ursprung der Welt; 6. als Erhalter und Lenker der Welt. Aus dieser Definition ergibt sich: Wenn ein Wesen existiert, das diese sechs Merkmale besitzt, dann existiert Gott. Denjenigen, der an die Existenz Gottes glaubt, wollen wir als «Theisten», denjenigen, der nicht an die Existenz Gottes glaubt, als «Atheisten» bezeichnen. Zu definieren hat den Gottesbegriff der Theist.

Es könnte sich im Lauf unserer Untersuchung herausstellen, daß es zwar keine ausreichenden Argumente für die Existenz Gottes im theistischen *Vollsinn* des Wortes «Gott» gibt, daß es gleichwohl aber ausreichende Argumente für die Existenz eines Wesens gibt, das immerhin durch *einige* der genannten sechs Merkmale charakterisiert ist. So wäre es zum Beispiel denkbar, daß es sich als wohlbegründet erweist, die Existenz eines Wesens mit den Merkmalen 1, 2 und 5 anzunehmen, ohne daß für dieses Wesen auch die Merkmale 3, 4 und 6 belegbar sind. In diesem Fall wäre zwar eine einzige, ewig existente Welturache, nicht aber der personale, monotheistisch verstandene Gott der genannten Weltreligionen Gegenstand unserer Erkenntnis. Es würde offenbleiben, ob die ewige Welturache, die wir erkennen können, auch die übrigen genannten Eigenschaften besitzt und insofern mit «Gott» identisch ist oder nicht. Auch ein solches Ergebnis wäre für unser religiöses Weltbild sicher von Bedeutung. Es läge jedoch außerhalb der zentralen Fragestellung dieses Buches.

Jedes reale Sein, das zumindest eines der genannten sechs Merkmale Gottes besitzt, wollen wir der deutlichen Abgrenzung halber – anstatt als «Gott» – als ein «göttliches Sein» oder ein «göttliches Wesen» bezeichnen. Ob ein bestimmtes göttliches Wesen, für dessen Existenz es gute Argumente gibt, in Wirklichkeit nicht auch noch die übrigen Merkmale Gottes besitzt, ist danach eine völlig offene Frage. Es ist ein häufig anzutreffender, jedoch eindeutiger Fehlschluß, aus dem Argument für die Existenz eines göttlichen

Wesens (im Sinn *einiger* der sechs Merkmale) automatisch auf die Existenz Gottes (im Sinn *aller* der sechs Merkmale) zu schließen. Ebenso verfehlt wäre es allerdings, aus Argumenten für die Existenz eines bestimmten göttlichen Wesens einfach den Schluß zu ziehen, daß dieses göttliche Wesen *nicht* gleichzeitig auch die übrigen Merkmale Gottes besitzen könne und daß insofern die Existenz Gottes *widerlegt* sei.

Die obige Definition des Gottesbegriffs im theistischen Sinn schließt nicht aus, daß der so verstandene Gott sich möglicherweise auch wie folgt beschreiben läßt: als «das eigentliche Sein», «das Absolute», «das Transzendente» oder «das Unendliche». Entscheidend ist in diesem Zusammenhang: Derartige Beschreibungen *allein* können den Gottesbegriff, wie wir ihn verstehen wollen, jedenfalls *nicht* adäquat definieren. Denn sie sind nicht nur als solche höchst vage und bedürfen näherer Erläuterung. Sie können auch, für sich genommen, jene Merkmale, die für das Gottesverständnis der monotheistischen Weltreligionen zentral sind, in ihrer Bedeutung nicht hinreichend erfassen. Daß allerdings auch diese sechs Merkmale – als Merkmale Gottes – gewisse Verständnisprobleme mit sich bringen, wird sich im Lauf der Abhandlung noch zeigen.

Nicht wenige moderne Theologen tendieren dazu, auf *jede* positive Definition des Gottesbegriffs zu verzichten, ja sogar jede Nachfrage nach einer solchen Definition für abwegig zu erklären. Gott lasse sich, so meinen sie, nicht anders charakterisieren als «das Unbegreifliche» (oder ähnlich), also als eine Realität, die in keinen menschlichen Begriffen – auch nicht annähernd oder analog verstanden – erfaßbar ist. Insofern sei der Gottesbegriff, sofern überhaupt, nur auf eine rein *negative* Weise bestimmbar: All jene Merkmale, die uns aus unserer gewöhnlichen (ob alltäglichen oder wissenschaftlichen) Welterfahrung zumindest im Kern vertraut sind, träfen auf Gott gerade *nicht* zu.

Dies ist gewiß ein denkmöglicher Ansatz zum Verständnis Gottes. Man kann schließlich niemandem verbieten, den Gottesbegriff auf seine Weise zu verstehen bzw. zu definieren. Nur sollte man den folgenden unabweisbaren Konsequenzen dieses Ansatzes offen ins Auge sehen.

1. Ein rein negativ definierter «Gott» ist keinesfalls identisch mit jenem «Gott», wie er in den monotheistischen Religionen traditionell verstanden wird. Das bedeutet: Wenn ein so definierter Gott

existiert, dann sagt das darüber, ob auch der Gott des Monotheismus existiert, nicht das geringste aus. Ja, es sagt nicht einmal darüber etwas aus, ob irgendein «göttliches Wesen» im Sinne eines oder mehrerer der sechs Merkmale dieses Gottes existiert.

2. Wenn Gott, verstanden als «das Unbegreifliche», existiert, dann heißt das nicht mehr und nicht weniger, als daß außer jener Realität, wie sie unserem Verstehen und Begreifen jedenfalls im Prinzip zugänglich ist, noch *irgend etwas* existiert, das unserem Verstehen und Begreifen im Prinzip *nicht* zugänglich ist, oder, salopp formuliert, daß mehr existiert, als «unsere Schulweisheit sich träumt». Die Existenz eines solchen «Etwas» kann für uns Menschen jedoch von keinem nennenswerten theoretischen und von überhaupt keinem praktischen Interesse sein. Denn selbst wenn wir gute Gründe dafür haben sollten, an die Existenz eines solchen «Etwas», das unbegreiflich ist, jenseits der gewöhnlichen Realität zu glauben, so geht an folgender Erkenntnis doch kein Weg vorbei: Zum einen können wir den Glauben an dieses «Etwas», das sich positiv überhaupt nicht charakterisieren läßt, in keinerlei Beziehung setzen zu irgendwelchen anderen unserer Erkenntnisse oder Annahmen über die Wirklichkeit. Und zum anderen wäre es völlig unsinnig, diesem «Etwas», das ja ebenso etwas Lebloses wie etwas Lebendes und im letzteren Fall ebenso von Grund auf böse wie von Grund auf gut sein könnte, so wie dem Gott des Monotheismus unsere Verehrung zu erweisen, unser Vertrauen entgegenzubringen oder unsere Bitten vorzutragen.

Aus alledem kann man nur folgern: Über die Existenz eines «Gottes», der ausschließlich als «unbegreiflich», «unerforschlich» oder «ganz anders» verstanden wird, kann und sollte man konsequenterweise keine weiteren Worte verlieren. (Vgl. hierzu auch S. 117f.)

2. Das ontologische Argument

Es gibt einen traditionellen Gottesbeweis, der sich von allen anderen Argumenten für die Existenz Gottes grundlegend unterscheidet. Dies ist der sogenannte ontologische, auf ein fundamentales Sein abstellende Beweis. Dieser Beweis geht nicht aus von irgendwelchen Erfahrungen, die wir Menschen – sei es in der äußeren Welt, sei es in unserem inneren Bewußtsein – machen. Er stellt vielmehr einzig ab auf einen sprachlichen Tatbestand, nämlich auf den Begriff, den wir uns von Gott gebildet haben. Und aus ebendiesem Grund behandle ich diesen Beweis bereits im Kontext des vorliegenden Kapitels.

Vertreter des ontologischen Beweises wie Anselm von Canterbury und René Descartes versuchen in folgender Weise, die Existenz Gottes aus unserem Begriff Gottes abzuleiten: Wir begreifen Gott als jenes vollkommene Wesen, dem kein anderes Wesen an Vollkommenheit gleichkommt (vgl. oben S. 13). Ein bloß gedachtes Wesen jedoch, das in Wahrheit nicht existiert, ist weniger vollkommen als ein tatsächlich existentes Wesen. Wenn Gott nun in Wahrheit nicht existieren sollte, so hätten wir insofern also die Vorstellung von einem weniger vollkommenen Wesen, als wenn Gott tatsächlich existierte. Da Gott aber, wie gesagt, als vollkommen definiert ist, so würde die Annahme seiner Nichtexistenz und damit die Leugnung seiner Vollkommenheit einen logischen Widerspruch enthalten. In wenigen Worten: Existenz ist ein Element von Vollkommenheit. Da Gott aber als vollkommen definiert ist, existiert er notwendigerweise auch.

Dieser ontologische Beweis, der zwar kaum jemals für den normalen Gläubigen, wohl aber bis ins 19. Jahrhundert hinein in den Denkgebäuden metaphysisch inspirierter Philosophen eine wichtige Rolle spielt, wird heute kaum noch ernsthaft vertreten. Bei einer nüchternen Betrachtungsweise sind seine Mängel in der Tat zu offenkundig.

Ein möglicher Einwand geht auf Immanuel Kant zurück. Er besagt, daß es keinen Sinn ergibt, die Existenz eines Wesens als eine *Eigenschaft* des Wesens zu betrachten und dementsprechend in die Definition des Wesens mit aufzunehmen. So kann man beispielsweise den Yeti sinnvollerweise nicht – außer etwa durch seine Affenähnlichkeit, seine Körpergröße usw. – auch noch durch seine Existenz definieren. Dies zu tun ist ebenso sinnlos, wie es sinnlos wäre, die *Nicht*existenz des Yeti in seine Definition mit aufzunehmen. Ob der Yeti tatsächlich existiert oder nicht, kann auf den *Begriff* des Yeti keinen Einfluß haben; es hat vielmehr allein damit zu tun, ob dieser Begriff in der Realität eine Entsprechung hat.

Doch selbst dann, wenn es sinnvoll wäre, die Existenz eines Wesens in seine Definition mit aufzunehmen und dementsprechend unter «Gott» ein Wesen mit den typisch göttlichen Merkmalen nur dann zu verstehen, wenn dieses Wesen – im Zusammenhang mit seiner Vollkommenheit – außerdem auch existiert: Selbst dann wäre damit noch keineswegs die Existenz eines Wesens mit den *typisch göttlichen Merkmalen* bewiesen. Es wäre lediglich bewiesen, daß – nach dem vorausgesetzten Sprachgebrauch von «Gott» – der Satz «Gott existiert nicht» als sprachliche Aussage in sich widersprüchlich wäre. Über die außersprachliche Wirklichkeit hätten wir damit jedoch überhaupt nichts in Erfahrung gebracht. Insbesondere die Frage, ob ein Wesen mit den typisch göttlichen Merkmalen (gleichgültig, wie wir dieses Wesen bezeichnen wollen) Teil dieser Wirklichkeit ist oder nicht, wäre nach wie vor vollkommen offen. Wir können ja auch dem Yeti nicht dadurch wirklich zur Existenz verhelfen, daß wir seine Existenz in die Definition seines Begriffs mit aufnehmen. Die Vorstellung, man könne allein durch eine sprachliche Festlegung oder Definition in irgendeiner Weise die Wirklichkeit erfassen oder gar beeinflussen, ist abwegig.

III. Wird durch die Existenz Gottes die Welt erklärt?

Oft sprechen Menschen, wenn sie die Natur meinen, in der selbstverständlichsten Weise von der «Schöpfung». So pflegt man etwa zu sagen, der Mensch sei «für die Schöpfung verantwortlich», er müsse «die Schöpfung bewahren» oder ähnliches. Eine solche Redeweise ist jedoch nur dann wirklich zutreffend, wenn die Natur bzw. die Welt tatsächlich auf einen «Schöpfer» als ihren Ursprung zurückgeht. Denn ohne Schöpfer kann es keine Schöpfung geben. Mit anderen Worten: Wer die Welt als Schöpfung bezeichnet, setzt damit die Existenz eines Schöpfergottes bereits voraus und sollte sich dessen auch bewußt sein. Die Existenz eines Schöpfergottes ist jedoch in Wahrheit alles andere als selbstverständlich. Wir wollen nun die wichtigsten jener Argumente prüfen, die traditionell dafür vorgebracht werden, daß die Welt, wie wir sie kennen, tatsächlich auf einen Schöpfergott zurückgeht, also zu Recht als Schöpfung bezeichnet wird.

1. Das kosmologische Argument

Dieses Argument für die Existenz Gottes wird von seinen Vertretern deshalb als «kosmologisch» bezeichnet, weil es von der Existenz des Kosmos, also der gesamten Welt oder des Universums, seinen Ausgang nimmt und in der Existenz Gottes die einzig mögliche *Erklärung* für die Existenz des Kosmos erblickt. Wieso bedarf der Kosmos oder das Universum einer Erklärung?

Als Menschen besitzen wir die Fähigkeit und bisweilen auch den Wunsch, für die *Ereignisse*, die wir in der Welt wahrnehmen und erkennen, nach einer Erklärung zu suchen. (Ich verwende das Wort «Ereignis» im folgenden in einem sehr weiten Sinn, der auch Zustände sowie die Existenz von Subjekten oder Gegenständen aller Art umfaßt.) In vielen Fällen liefert uns die Wissenschaft oder unsere Alltagserfahrung tatsächlich die gesuchte Erklärung. So besitzen wir beispielsweise eine Erklärung dafür, daß es an der Nordsee

Ebbe und Flut gibt; oder wir können die Tatsache erklären, daß ein bestimmter Mensch, der uns bekannt ist, existiert.

In allen Fällen dieser Art besteht die Erklärung darin, daß wir ein Ereignis benennen können, das das zu erklärende Ereignis verursacht hat: Das zu erklärende Ereignis 1 ist die Wirkung eines anderen, zeitlich vorausliegenden Ereignisses 2, das Ursache von Ereignis 1 ist. Wie aber erklären wir Ereignis 2? Nun, in vielen Fällen gelingt es uns, Ereignis 2 durch ein weiteres Ereignis 3 zu erklären, das sich insofern als *unmittelbare* Ursache von Ereignis 2 und als *mittelbare* Ursache von Ereignis 1 erweist. Ganz entsprechend können wir häufig Ereignis 3 erklären und so fort.

Auf diese Weise ist es im Prinzip möglich, Ereignisse durch eine immer weiter zurückreichende Kette mittelbarer Ursachen immer umfassender zu erklären. Keine dieser Erklärungen jedoch ist abschließender Natur. Jede dieser Erklärungen wirft vielmehr eine neue Frage auf – die Frage nach der Erklärung der zuletzt genannten mittelbaren Ursache: Welches ist die weitere Ursache, die diese zuletzt genannte Ursache zur Wirkung hat?

Betrachten wir ein Beispiel. Zur Erklärung meiner eigenen Existenz verweise ich zunächst auf die Existenz einschließlich bestimmter Handlungen meiner Vorfahren. Zur weiteren Erklärung verweise ich dann irgendwann auf die Entstehung des Menschen im Rahmen der biologischen Evolution. Sodann verweise ich auf die Entstehung von Leben überhaupt aus unbelebter Materie. Schließlich verweise ich auf die Entstehung unseres heutigen Universums und seiner Materie aus so etwas wie dem «Urknall».

Natürlich bin ich in Wahrheit nicht in der Lage, eine derartig umfassende Erklärung meiner Existenz in einer wirklich detaillierten und stichhaltigen Form zu präsentieren. Dies scheitert zum einen schon daran, daß mir meine Vorfahren als Individuen nur wenige Generationen zurückgehend überhaupt bekannt sind. Und es scheitert vermutlich auch daran, daß es eine wissenschaftlich gesicherte und unangreifbare Erklärung *sämtlicher* Glieder in der genannten Kette von Ursachen – der Entstehung des Menschen, der Entstehung des Lebens und der Entstehung des Universums – bislang noch nicht zu geben scheint (und vielleicht nie geben wird). All diese Detailprobleme aber sind für das folgende Argument der Welterklärung, den kosmologischen Gottesbeweis, letztlich nicht relevant.

Dieser kosmologische Gottesbeweis sieht so aus: Wir dürfen davon ausgehen, daß jedes Ereignis *irgendeine* Ursache hat – gleichgültig, ob wir diese Ursache kennen oder nicht. Insofern ist es jedenfalls *im Prinzip* möglich, für jedes Ereignis eine wissenschaftliche Erklärung zu geben. Keine dieser Erklärungen kann jedoch eine letzte, vollständige oder abschließende Erklärung sein. Denn das Wesen jeder wissenschaftlichen Erklärung besteht, wie wir sahen, darin, daß sie uns auf eine (unmittelbare oder mittelbare) Ursache verweist – eine Ursache, die ihrerseits wiederum eine Erklärung erfordert. Deshalb kann uns in der Wissenschaft von vornherein immer nur eine – mehr oder weniger umfassende – *partielle* Erklärung eines Ereignisses gelingen. Eine *abschließende* Erklärung oder Letzterklärung dagegen ist prinzipiell von keinem einzigen Ereignis möglich.

Aus dieser unbefriedigenden Situation gibt es, so die Vertreter des kosmologischen Beweises, nur einen einzigen Ausweg: Wir müssen annehmen, daß es außer den Ereignissen, die in ihrer Funktion als Ursachen immer auch Wirkungen (weiterer Ursachen) sind, eine einzige *erste* Ursache gibt, die ihrer Natur nach von vornherein nicht Wirkung, sondern nur Ursache sein kann. Diese erste Ursache der Ereignisse, die für die gesamte Kette von Ursachen und Wirkungen in toto verantwortlich ist und damit für sämtliche Ereignisse die *abschließende* Erklärung darstellt, ist identisch mit Gott. Denn allein die Annahme der Existenz Gottes als der abschließenden Erklärung sämtlicher einzelnen Ereignisse kann gleicherweise für jenes umfassende Ereignis eine Erklärung liefern, das mit der Existenz der Welt, in der die einzelnen Ereignisse stattfinden, identisch ist. Es gibt verschiedene Versionen dieses kosmologischen Gottesbeweises. Wir wollen die wichtigsten dieser Versionen nun auf ihre Stichhaltigkeit hin untersuchen.

Eine populärphilosophische Version, die sich an die obige Skizzierung des Beweises anschließt, lautet so: Jedes Ereignis hat eine Ursache. Also muß es einen Ursprung der Welt im Sinn einer *Erstursache* geben, die den gesamten Ablauf von Ereignissen, die jeweils Wirkung ebenso wie Ursache sind, zuallererst in Gang gesetzt hat. Diese Erstursache ist Gott.

Diese Version des kosmologischen Beweises für die Existenz Gottes ist bei näherer Betrachtung aus den folgenden Gründen mit Sicherheit *nicht* tragfähig.

1. Wenn es tatsächlich zutrifft, daß *jedes* Ereignis eine Ursache hat, dann ist es offenbar ein Widerspruch, gleichzeitig anzunehmen, daß es eine *Erstursache* aller Ereignisse gibt. Eine Erstursache ist ja gerade definiert als etwas, für das es keine weitere Ursache gibt; wenn es eine Erstursache gibt, dann kann es also nicht für *alles* eine Ursache geben. Wir haben es hier mit einem Argument zu tun, bei dem die angebliche Folgerung nicht nur in Wahrheit nicht aus den Prämissen folgt, sondern bei dem zwischen Prämissen und Folgerung sogar ein logischer Widerspruch besteht. Man kann die Suche nach immer weiteren Ursachen nicht dort, wo einem die gerade erreichte Ursache besonders genehm ist oder zusagt, einfach nach Belieben abbrechen. Denn das Gesetz der Kausalität ist, wie Arthur Schopenhauer in diesem Zusammenhang schreibt, «nicht so gefällig, sich brauchen zu lassen, wie ein Fiaker, den man, angekommen wo man hingewollt, nach Hause schickt» (Schopenhauer II, S. 38).

2. Die Annahme, daß es für jedes Ereignis eine Ursache gibt, hat in Wahrheit die folgende Konsequenz: Die Abfolge der Ereignisse, also der Wirkungen und ihrer jeweiligen Ursachen, muß notwendig *unendlich* sein. Mit anderen Worten: Es kann überhaupt keine Erstursache geben. Denn jede Erstursache würde ja der Prämisse, wonach *jedes* Ereignis – also auch das Ereignis der angeblichen Erstursache – wiederum eine Ursache hat, eindeutig widersprechen. Es mag dabei offenbleiben, ob in dieser unendlichen Kette von Ereignissen vielleicht auch irgendwelche «göttlichen Wesen» (siehe oben S. 13) als Ursachen unserer gegenwärtigen Welt in Erscheinung traten. In diesem Fall wären wir jedoch bestenfalls zu der Annahme einer unendlichen Abfolge solcher Wesen berechtigt. Über ihre sonstigen Eigenschaften könnten wir dagegen nichts ausmachen. Insbesondere gäbe es keinen Grund für die Annahme, daß auch nur eines dieser göttlichen Wesen, die irgendwann entstanden sind und in der unendlichen Kette von Ursachen und Wirkungen eine gewisse Rolle gespielt haben, noch heute existent wäre. Davon, daß uns diese Version des kosmologischen Beweises zur Annahme der Existenz eines einzigen und ewig existenten Ursprungs der Welt führt, kann somit nicht die Rede sein.

Man könnte angesichts dieser Einwände nun auf den Gedanken kommen, zwar an Gott als der Erstursache aller Ereignisse festzuhalten, die damit unvereinbare Annahme jedoch, daß jedes Ereignis eine Ursache hat, einfach preiszugeben. In diesem Fall würde man im Gegenteil ausdrücklich davon ausgehen, daß die Ursachenkette der Ereignisse einen Anfang hat, und von diesem Anfang behaupten, er sei mit Gott identisch. Was wäre von dieser Spielart einer populärphilosophischen Version des kosmologischen Arguments zu halten?

Auf der Basis der bisherigen Erörterungen ist leicht zu sehen, daß auch ein derartiges Argument zum Scheitern verurteilt ist. Denn erstens ist es eine völlig offene Frage, ob die Ursachenkette der Ereignisse tatsächlich einen Anfang hat oder ob sie unendlich ist. Und selbst wenn wir in unseren wissenschaftlichen Erklärungsbemühungen der Ereignisse an einem Punkt angekommen sind, an dem uns keine weitere Ursache mehr erkennbar ist, können wir doch nie sicher sein, daß es eine solche Ursache tatsächlich nicht gibt und daß diese Ursache nicht eines Tages auch erkennbar sein wird. Zweitens aber haben wir selbst dann, wenn wir dogmatisch von der Annahme einer Erstursache ausgehen, bislang nicht den geringsten Grund zu der weiteren Annahme, daß diese Erstursache gerade mit «Gott» oder auch nur mit einem «göttlichen Wesen» in einem über das bloße Merkmal 5 hinausgehenden Sinn (S. 13) identisch ist. Diese Erstursache bzw. dieser Welturspung könnte ebensogut auch der «Urknall» oder etwas ähnliches sein.

Mehr Aussicht auf Erfolg als die bislang erörterten Versuche eines kosmologischen Gottesbeweises scheint jedoch eine Version dieses Beweises zu bieten, die von so bedeutenden Denkern wie Thomas von Aquin und Gottfried Wilhelm Leibniz vertreten wird. Nach dieser Version ist Gott nicht die Erstursache (im zeitlichen Sinn des Wortes), sondern der metaphysische Grund, die denknotwendige Existenzvoraussetzung aller Ereignisse. Besonders Leibniz macht diesen Unterschied zwischen den beiden Versionen sehr deutlich. Nach seiner Auffassung muß jedes endliche, im Zeitablauf sich ändernde Ereignis – unabhängig davon, ob es in der wahrnehmbaren Realität eine *Ursache* hat oder nicht – in einer außerweltlichen, metaphysischen Realität einen *Grund*, in Leibniz' Worten einen «zureichenden Grund», haben (Leibniz I, S. 39). Denn keine Zurückführung eines Ereignisses auf eine innerweltliche Ursache kann als eine abschließend zufriedenstellende Erklärung dieses Ereignisses angesehen werden.

Dies gilt nach Leibniz ausdrücklich sogar dann, wenn man sich die Welt als ewig vorstellt. Diese Vorstellung ändert nämlich, wie er meint, nichts an der bestehenden Erklärungsproblematik: Wir können unter dieser Voraussetzung zwar im Prinzip jedes Ereignis in einem empirisch wissenschaftlichen Sinn erklären, indem wir es auf ein früheres Ereignis zurückführen. Eine ganz bestimmte, abschließende Erklärung jedoch bleibt uns versagt. Wir können weder erklären, daß überhaupt etwas existiert; noch können wir erklären, daß dieses «etwas», das existiert, gerade die Beschaffenheit unserer tatsächlichen Welt hat. Auch eine Welt mit einer unendlichen Abfolge von Ursachen und Wirkungen könnte ja ganz andere Ereignisse beinhalten als unsere tatsächliche Welt. Daß jedes einzelne Ereignis durch eine unendliche Kette von Ursachen in seinem Sosein im Prinzip wissenschaftlich erklärbar ist, beantwortet also noch nicht die grundlegende Frage, warum die gesamte Kette als solche bzw. überhaupt etwas existiert. Erst wenn wir diese Frage beantworten können, besitzen wir eine zufriedenstellende Erklärung sowohl dafür, daß überhaupt eine Welt existiert, als auch dafür, daß diese Welt – und damit jedes ursächlich vermittelte Ereignis in ihr – gerade so ist, wie sie sich uns darstellt.

Die gesuchte abschließende oder letzte Erklärung aber kann nach Leibniz nur in der Existenz eines in seiner Existenz *notwendigen* Wesens liegen, das seinerseits außerhalb der Welt liegt und gerade deshalb den letzten *Grund* für die Existenz der Welt bilden kann. Dieses Wesen aber ist Gott. Gott ist also keineswegs so etwas wie die erste Ursache der Welt; Gott ist überhaupt keine Ursache. Gott ist vielmehr jener metaphysisch notwendige Grund der Welt, dessen Existenz und Wirken eine nicht mehr hinterfragbare Erklärung dafür bieten, daß die Welt als Gesamtereignis aller in ihr stattfindenden, ursächlich miteinander verknüpften Einzelereignisse existiert. Dabei ist die Annahme Gottes als des notwendigen Grundes der Welt ganz unabhängig davon, ob die Welt einen Anfang in der Zeit hat oder nicht. Daß im letzteren Fall Gott und Welt seit unendlicher Zeit nebeneinander existieren, widerlegt nicht die Notwendigkeit Gottes als des unverzichtbaren Weltgrundes, ohne dessen Präsenz die Welt zu keiner Zeit, weder in der Vergangenheit noch in der Gegenwart, dasein kann.

Diese Version des kosmologischen Argumentes erscheint zwar logisch in sich schlüssig; sie ist jedoch an Voraussetzungen einer bestimmten metaphysischen Begrifflichkeit gebunden, die von einem empirisch-wissenschaftlichen Standpunkt aus kaum nachvollziehbar sind. Betrachten wir die wichtigsten dieser Voraussetzungen. Was bedeutet es, nach dem *Grund* von etwas zu fragen, dessen *Ursache* einem bekannt ist? Wieso ist die Frage nach dem Grund eines Ereignisses eine andere, weitergehende Frage als die Frage nach der Ursache dieses Ereignisses?

Einleuchten könnte es, daß hier zwei unterschiedliche Fragen vorliegen, sofern das betreffende Ereignis Resultat menschlichen Handelns ist. Denn für manches, was ein Mensch tut, gibt es zwar eine Ursache (etwa in Form einer bestimmten charakterlichen Veranlagung dieses Menschen), nicht aber einen Grund (im Sinn eines Vernunftgrundes, der sich rational nachvollziehen läßt). Was jedoch kann es, so gesehen, bedeuten, nach dem Grund der Welt zu fragen? Nun, vielleicht möchte man wissen, welche Ziele Gott in seiner Rationalität mit der Welt verfolgt. Dies würde jedoch offenbar voraussetzen, daß man von der Existenz Gottes bereits überzeugt ist. So gesehen, kann die Antwort auf die Frage nach dem Grund der Welt also nicht ihrerseits, dem kosmologischen Gottesbeweis entsprechend, dazu dienen, die Annahme der Existenz Gottes zu rechtfertigen.

Ohne etwas von einem göttlichen Ursprung der Welt zu wissen, kann ich als Mensch die Welt doch nur so hinnehmen, wie sie ist; niemand, den ich aus meiner innerweltlichen Erfahrung kenne, ist ja für sie verantwortlich. Was kann es da für mich bedeuten, nach dem Grund, aus dem ein mir unbekanntes Wesen sie geschaffen hat, zu fragen? Zwar kann ich versuchen, ihre einzelnen Ereignisse in den Kategorien von Ursache und Wirkung zu erklären und insoweit auch zu verstehen. Was aber kann es mir bedeuten, die Welt auch noch in einem ganz anderen, metaphysischen Sinn zu «erklären»? Wieso verstehe ich die Welt besser, wenn ich annehme, daß ein von mir als notwendiges, ewiges Wesen postulierter «Gott» ihr Grund ist? Angenommen, dieser Gott existiert wirklich. Was weiß ich dann über diesen Gott – außer daß er ein ewig existentes «Etwas» ist, das den «Grund» der Welt bildet? Kenne ich irgendwelche sonstigen seiner Eigenschaften? Wohl kaum, jedenfalls nicht auf Basis des kosmologischen Argumentes.

Wir wollen jedoch einmal annehmen, ich kann der Frage nach dem Grund der Welt trotz allem einen gewissen Sinn abgewinnen und beantworte sie dem kosmologischen Beweis entsprechend. Dann lautet natürlich meine nächste Frage: Was ist der Grund

Gottes? Die Vertreter des kosmologischen Beweises möchten diese Frage allerdings nicht zulassen. Gott, so sagen sie, haben wir von vornherein so begriffen, daß er, wenn er existiert, *notwendig* existiert und insofern den Grund seiner Existenz in sich selbst trägt; die Frage nach dem Grund Gottes stellt sich deshalb nicht.

Diese Antwort aber, falls man auch sie für nachvollziehbar hält, provoziert die Gegenfrage: Wenn ein solcher Begriff Gottes sinnvoll ist, was spricht dann dagegen, bereits die *Welt* in ihrer Gesamtheit als ewig und notwendig existent zu begreifen, also als etwas, das den Grund seiner Existenz in sich selbst trägt? Denn erstens ist die Welt ein Etwas, dessen Existenz wir gewiß sein können und über das wir schon manche Einzelkenntnisse besitzen. Und zweitens ersparen wir uns so die Annahme der Existenz eines weiteren Etwas, von dem wir überhaupt nichts wissen.

Was könnten die Vertreter des kosmologischen Gottesbeweises dieser Frage entgegenhalten? Sie würden die vorgeschlagene Alternative nicht etwa mit der Begründung für unzulässig halten, daß die Welt nicht ewig existieren könne. (Siehe schon oben S. 22 f.) Eine solche Behauptung wäre auch sicher nicht berechtigt. Denn erstens bereitet es uns keine Schwierigkeiten, uns von einer unendlichen Abfolge von Ereignissen einen Begriff zu machen; man denke etwa an die unendliche Reihe gerader Zahlen. Und zweitens stehen auch keine bisherigen Erkenntnisse wissenschaftlicher Welterklärung der Annahme einer ewig existenten Welt entgegen: Selbst wenn die Lehre von einem «Urknall» vor etlichen Milliarden Jahren zutrifft, so besagt diese Lehre bloß, daß die Welt oder das Universum in seiner gegenwärtigen Form auf die vermutete Weise entstanden ist, nicht aber, daß vorher überhaupt keine Welt und keine Materie existierte.

Denker wie Thomas von Aquin und Leibniz würden jedoch mit einer anderen Begründung der Auffassung entgegentreten, daß man bereits das Universum so begreifen kann, daß es den Grund seiner Existenz in sich selbst trägt. Sie würden wie folgt argumentieren: Das Universum kann in seiner Existenz gar nicht notwendig, sondern nur kontingent sein. Unter einem Ereignis, das *kontingent* ist, verstehen sie dabei etwas, das existiert, in seiner Existenz aber von etwas anderem Existierenden abhängt und insofern in seiner Existenz nicht völlig unabhängig und damit aus sich selbst heraus notwendig ist. Kontingent sind danach insbesondere alle – ursächlich vermittelten – Einzelereignisse im Universum. Denn jedes dieser Ereignisse ist in seiner Existenz von einem anderen Ereignis, das ihm zeitlich vorausgeht, abhängig. Keines dieser Ereignisse besitzt eine Eigenständigkeit oder in seinem Wesen angelegte innere Notwendigkeit. Da nun, wie gesagt, aber sämtliche Einzelereignisse im Universum kontingent sind, muß, so das Argument, auch das Universum als solches kontingent sein. Also kann es in seiner Existenz nicht notwendig sein, das heißt den Grund seiner Existenz in sich selbst tragen.

Dieser ohne weiteres vollzogene Schluß von der Kontingenz aller Einzelereignisse auf die Kontingenz des Ganzen ist jedoch nicht zwingend. Denn es gilt ganz generell: Was auf jedes einzelne Glied einer Gruppe zutrifft, muß keineswegs auch auf die Gruppe als solche, die Gruppe insgesamt, zutreffen. Man betrachte folgende Beispiele. Jeder Spieler einer Fußballmannschaft hat einen Erzeuger; trotzdem hat die Mannschaft als solche keinen Erzeuger. Oder: Jeder einzelne Spieler einer Mannschaft kann von durchschnittlicher Qualität sein; trotzdem kann die gesamte Mannschaft – wegen ihres perfekten Zusammenspiels – von überragender Qualität sein.

Es ist also keineswegs ausgeschlossen, daß die Welt als Ganze in dem genannten Sinn notwendig ist, obschon jedes Ereignis in ihr nur kontingent ist. Es ist ja, wie wir sahen, ohne weiteres auch möglich, daß die Welt zeitlich unendlich ist, obschon jedes Ereignis in ihr nur endlich ist. All das bedeutet: Selbst wenn man mit dem Konzept von etwas notwendig Existierendem als letztem Grund für alles nur kontingent Existierende tatsächlich einen *Sinn* verbinden kann, dann fehlt einem immer noch ein schlüssiges Argument für die Behauptung, daß dieses notwendig Existierende nur ein außerhalb der Welt existentes Wesen sein kann. Und außerdem: Worin die spezifische Notwendigkeit gerade dieses göttlichen Welturprungs liegen soll, bleibt um nichts weniger im dunkeln als das Wesen ebendieser Notwendigkeit, sofern man sich entschließt, sie bereits der Welt als solcher zuzuschreiben. Angeblich erweist sich die Existenz Gottes bei gründlicher Kenntnis seines Wesens als nicht weniger notwendig als ein Satz der Mathematik. Doch schon David Hume schreibt hierzu: «Warum könnte, nach dem hier vorausgesetzten Verständnis von Notwendigkeit, nicht das materielle Universum jenes notwendig existierende Wesen sein? Wir können nicht zu behaupten wagen, sämtliche Eigenschaften der Materie zu kennen. Nach allem, was wir ausmachen können, mag sie einige Eigenschaften enthalten, die, falls bekannt, ihre Nichtexistenz als ebenso widersprüchlich erscheinen ließen wie die Annahme, daß zweimal zwei fünf ist» (Hume I, S. 88).

Wie immer man den kosmologischen Gottesbeweis auch dreht und wendet: Es gelingt diesem Beweis im Gegensatz zu seinem Anspruch nicht, die Existenz eines göttlichen Wesens im Sinn eines einzigen, ewig existenten Ursprungs der Welt zu begründen. Und es gelingt ihm erst recht nicht, uns über die weiteren Eigenschaften dieses göttlichen Wesens irgendeinen Aufschluß zu geben und auf diese Weise die Existenz «Gottes» im Vollsinn des Wortes zu begründen.

2. Das teleologische Argument

Der teleologische Beweis für die Existenz Gottes geht wie der kosmologische Beweis von der Tatsache aus, daß es eine Welt gibt, für die wir nach einer Erklärung suchen. Anders als der kosmologische stellt der «teleologische», das heißt an vorgefundenen Zwecken oder Zielen ausgerichtete Beweis aber nicht auf die bloße Tatsache, daß es *irgendeine* Welt gibt, ab, sondern knüpft an einige besondere Eigenschaften der tatsächlich existenten Welt an, wie wir sie aus der Erfahrung kennen. Diese besonderen Eigenschaften sind zum einen die gesetzmäßige Ordnung und zum anderen die biologische Zielgerichtetheit zahlloser innerweltlicher Erscheinungen.

Als intelligente Wesen machen wir, wenn wir die Welt betrachten, stets von neuem die folgenden Erfahrungen: Erstens ist die Welt – im kosmischen wie im molekularen Bereich – offenbar durchgängig von unveränderlichen Gesetzmäßigkeiten geprägt. Man denke beispielsweise an die einheitlichen Bewegungen der unzähligen Gestirne im uns bekannten Weltall. Und zweitens unterliegen die unterschiedlichsten Gegebenheiten im Bereich des Organischen auf unserer Erde offenbar insofern einem gemeinsamen Prinzip, als sie dem Überleben und dem Gedeihen der jeweiligen Lebewesen in hohem Maße angepaßt und dienlich sind. Man denke etwa an die Art und Weise, wie das menschliche Auge im Hinblick auf seine ungeheuer wichtige Funktion im Dienst des Menschen ausgestaltet ist.

Selbstverständlich sind diese vorgefundenen Welteigenschaften der Ordnung und Zielgerichtetheit keineswegs; wir könnten uns ja ohne weiteres auch eine Welt vorstellen, die weitgehend von Chaos und organischer Unangepaßtheit bestimmt ist. Wie also läßt es sich erklären, daß die Welt tatsächlich eben nicht so beschaffen ist, sondern daß sie die genannten Eigenschaften aufweist?

Genau dies ist der Ausgangspunkt des teleologischen Argumentes, wonach die bestmögliche Erklärung der beiden Eigenschaften in der Existenz eines Schöpfergottes liegt. Kein anderer Gottesbeweis ist so sehr einer wissenschaftlichen Argumentationsweise verpflichtet wie dieser. Und kein anderer Gottesbeweis ist in einer einzigen Schrift eines angesehenen Philosophen so gründlich und scharfsinnig behandelt worden wie dieser. Die Schrift heißt *Dialoge über natürliche Religion* und stammt von David Hume. Der Autor wählt für die Erörterung des Beweises die Dialogform deshalb, weil sie ihm die ideale Möglichkeit bietet, die unterschiedlichsten Einstellungen pro und kontra ausgewogen zu Wort kommen zu lassen. Was die Überzeugungskraft des Beweises angeht, so neigt Hume selber offenbar zu einer skeptischen Beurteilung. Jedenfalls hält er es für ausgeschlossen, mit Hilfe des teleologischen Beweises die Existenz «Gottes» im oben (S. 13) erläuterten Vollsinn des Wortes als wahrscheinlich zu erweisen. In der folgenden Darstellung und Kritik des teleologischen Beweises stütze ich mich weitgehend auf die Humesche Sichtweise, die im Kern bis heute nicht überholt ist.

Ausgangspunkt des teleologischen Argumentes ist, wie gesagt, der Versuch, für die Erscheinungen von gesetzmäßiger Ordnung und biologischer Zielgerichtetheit in der Welt eine überzeugende Erklärung zu finden. Die Vertreter des teleologischen Argumentes halten die folgende Erklärung für überzeugend. «Die erstaunliche Art und Weise, wie Mittel und Zwecke in der ganzen Natur aufeinander abgestimmt sind, findet sich genauso – wenngleich nicht in einer derartig starken Ausprägung – bei den Produkten menschlicher Tätigkeit: menschlicher Planung, Erfindung, Klugheit und Intelligenz. Da also die Wirkungen einander gleichen, gelangen wir nach allen Regeln der Analogie zu dem Schluß, daß auch die Ursachen einander gleichen und daß der Urheber der Natur dem Geist des Menschen einigermaßen ähnlich ist – wenngleich er, der Erhabenheit seines Werkes entsprechend, im Besitz viel größerer Fähigkeiten sein muß» (Hume I, S. 24 f.). Mit anderen Worten: Da viele geordnete und zielgerichtete Phänomene, die wir kennen, auf eine Planung und Herstellung durch intelligente *menschliche* Personen zurückgehen (man denke etwa an einen Wolkenkratzer oder an eine Brille), muß die Welt mit ihrer Ordnung und Zielgerichtetheit auf eine Planung und Herstellung durch eine intelligente *göttliche* Person zurückgehen. Denn vergleichbare Wirkungen müssen in der Realität vergleichbare Ursachen haben.

Dies Argument klingt auf den ersten Blick gewiß nicht unplausibel. Trotzdem ist es einer Reihe von gravierenden Einwänden ausgesetzt. Die wichtigsten dieser Einwände sind die folgenden.

1. Wir können sinnvollerweise kaum die geordnete Welt als Ganze mit einem einzelnen Produkt menschlicher Herstellung wie einem Bauwerk, also einem menschlichen Artefakt, vergleichen. Die Unterschiede zwischen beiden Phänomenen sind zu gewaltig. Um aus der Existenz der Welt als Ganzer auf einen intelligenten Schöpfer schließen zu können, müßte uns in Wahrheit bereits die Entstehung von Phänomenen vergleichbarer Größenordnung bekannt sein; es «müßte unsere Erfahrung die Entstehung von Welten umfassen» (Hume I, S. 34). Dies aber ist offensichtlich nicht der Fall.

2. Nicht ganz so problematisch erscheint es allerdings, einzelne Erscheinungen von natürlicher Ordnung und Zielgerichtetheit im Universum mit menschlichen Artefakten wie einem Wolkenkratzer zu vergleichen und insofern die Analogie zwischen den betreffenden Wirkungen als ausreichend für den Schluß auf analoge Ursachen anzusehen. Wie würde jenes intelligente göttliche Wesen, auf dessen Existenz wir danach schließen dürfen, aber näherhin beschaffen sein? Kein menschliches Artefakt wie ein Wolkenkratzer ist in all seinen technischen Voraussetzungen und Bauteilen von einem einzigen Menschen geschaffen worden. Und noch viel weniger sind natürlich *sämtliche* menschlichen Artefakte zusammen von einem einzigen Menschen geschaffen worden. Das teleologische Argument gibt uns also keinerlei Grund, die *Einheit* eines göttlichen Weltschöpfers anzunehmen. Wir müßten auf der Basis dieses Argumentes vielmehr auf die Existenz einer ganzen Anzahl göttlicher Wesen schließen, die für die diversen Erscheinungen von Ordnung und Zielgerichtetheit in der Welt verantwortlich sind.

3. Es gibt keinen menschlichen Erfinder, Baumeister oder Produzenten, der sich zur *Herstellung* seines Werkes nicht auch seines

Körpers bedienen müßte! Außerdem ist jeder menschliche Erfinder, Baumeister oder Produzent sterblich; ja, nicht wenige menschliche Artefakte überleben sogar ihre Hersteller. Daraus folgt: «Warum behaupten wir nicht, die Gottheit beziehungsweise die Gottheiten seien körperliche Wesen und hätten Auge, Nase, Mund und Ohren?» (Hume I, S. 59) Und warum nehmen wir nicht an, daß diese Gottheiten wie die Menschen sterblich sind und ihre Art durch Zeugung erneuern? Kurzum: Nicht nur die Einzigartigkeit, sondern auch die Körperlosigkeit sowie die Ewigkeit eines göttlichen Schöpfers (vgl. S. 13) lassen sich mit Hilfe des teleologischen Beweises nicht stichhaltig begründen! Und was die uneingeschränkte Vollkommenheit, insbesondere die Allmacht und die Allgüte dieses Schöpfers angeht, so dürften, wenn man auch solche Erscheinungen wie Naturkatastrophen und Kriege als Basis des Analogieschlusses berücksichtigt, sich ebenfalls erhebliche Zweifel einstellen. Mit dem Thema «Gott und das Übel» werden wir uns in Kapitel VII noch ausführlich befassen. Jedenfalls gelangen wir, wenn wir die Analogie des teleologischen Beweises wirklich ernst nehmen, unvermeidlich zu einem recht anthropomorphen, das heißt menschenähnlichen Gottesbild, das unserem traditionellen, monotheistischen Gottesbild nur teilweise entspricht.

4. Es gibt aber noch einen grundlegenderen Einwand gegen jeden Versuch, aus teleologischen Gründen auf einen göttlichen Weltschöpfer zu schließen. Dieser Einwand lautet: Trifft es denn wirklich zu, daß sämtliche Erscheinungen von Ordnung und Zielgerichtetheit, die wir in unserer Umwelt beobachten, das unmittelbare Produkt menschlicher Erfindung sind? Gewiß trifft dies zu auf solche Erscheinungen wie Wolkenkratzer und Autobahnen, Brillen und Uhren. Wie steht es aber mit Erscheinungen wie konkreten Bäumen oder Tieren? Auch über ihr Entstehen gibt uns ja die Erfahrung Aufschluß – und zwar dahingehend, daß diese Entstehung keineswegs auf den Schöpfungsakt eines geistbegabten Wesens zurückgeht: «Ein Baum verleiht dem Baum, der aus ihm hervorgeht, Ordnung und Struktur – ohne von der Ordnung etwas zu wissen. Gleiches gilt für ein Tier und seine Jungen» (Hume I, S. 73). Die genannten Lebewesen entstehen also durch organisches Wachstum bzw. Zeugung. Und «sämtliche Mythologen des Altertums fanden diese Analogie so augenfällig, daß sie den Ursprung der Natur ausnahmslos aus Geburt und Zeugung ableiteten» (Hume I, S. 75).

Wieso schreiben gleichwohl die Vertreter des teleologischen Beweises die Welt als Ganze gerade jenem Prinzip der Planung zu, das die Entstehung menschlicher Artefakte beherrscht? Warum ist diese Zuschreibung überzeugender als etwa die Annahme der Brahmanen, wonach «die Welt aus einer unendlichen Spinne entstand, welche diese ganze verwickelte Masse aus ihren Eingeweiden gesponnen hat» (Hume I, S. 75)?

5. Wenn man schon aus der Entstehung einzelner Erscheinungen, wie wir diese Entstehung aus der Erfahrung kennen, einen Analogieschluß auf die Weltentstehung ziehen will, so scheint der folgende Gesichtspunkt sogar deutlich *gegen* das Planungs- und *für* das Zeugungsprinzip zu sprechen. Die Ursache der Existenz eines konkreten Tieres, nämlich ein Tier, verdankt sich auch seinerseits wieder dem nämlichen Entstehungsprinzip der Zeugung und nicht etwa dem Prinzip bewußter Planung. Gerade umgekehrt aber verhält es sich mit der Ursache eines konkreten menschlichen Artefaktes, nämlich mit einem Menschen. Dieser Mensch verdankt sich im Unterschied zu dem von ihm geschaffenen Artefakt keineswegs auch seinerseits dem Prinzip der Planung, sondern vielmehr dem Entstehungsprinzip der Zeugung. Das aber bedeutet: Wenn immer wir die Entstehung eines menschlichen Artefaktes in unserer Erfahrung um eine Stufe zurückverfolgen, landen wir sogleich bei dem Prinzip der Zeugung. Und wenn wir andererseits die Entstehung irgendeines organischen Wesens beliebig weit zurückverfolgen, verbleiben wir stets bei dem Prinzip der Zeugung. Muß unter diesen Umständen die Annahme, daß die Welt als Ganze sich ausgerechnet dem Planungsprinzip, also einem intelligenten Schöpfer, verdankt, nicht als «völlig willkürlich» bezeichnet werden (Hume I, S. 74)?

Zu alledem kommt noch hinzu, daß unser heutiges wissenschaftliches Weltbild für manche auf den ersten Blick erstaunliche Phänomene natürliche Erklärungen parat hat, die für die Annahme eines besonderen Schöpfungsaktes gar keinen Bedarf aufkommen lassen. Das beste Beispiel hierfür ist die biologische Evolutionstheorie, die im Prinzip eine durchaus plausible, natürliche Erklärung dafür bietet, wie es auf dieser Erde zu den vielfältigen Erscheinungen von Zielgerichtetheit im Bereich des Organischen kommen konnte.

Was aber die erstaunliche Tatsache der Entstehung von Leben überhaupt angeht, so ist folgendes zu bedenken: Es mag der Fall sein, daß verschiedene, jeweils sehr unwahrscheinliche Bedingungen zusammentreffen müssen, damit aus unbelebter Materie so etwas wie Leben entstehen kann. Das ist jedoch kein Argument dagegen, daß das Leben auf unserer Erde auf ganz natürliche Weise entstehen konnte. Denn was spricht angesichts der ungeheuren Anzahl von Planeten im Universum unter Wahrscheinlichkeitsgesichtspunkten dagegen, daß jedenfalls auf *einem* dieser Planeten, der Erde, die nötigen, in ihrem Zusammentreffen sehr unwahrscheinlichen Bedingungen zu irgendeinem Zeitpunkt tatsächlich erfüllt waren?

Auch die *im vorhinein* enorm große Unwahrscheinlichkeit, daß gerade Herr Müller im Lotto gewinnt, schließt ja keineswegs aus, daß gestern tatsächlich Herr Müller im Lotto gewonnen hat und daß sich im Kreis der Millionen von Lottospielern immer wieder ganz bestimmte Personen als Gewinner erweisen. Natürlich hätte die Entstehung von Leben prinzipiell auch auf einem anderen Planeten als der Erde stattfinden können – und das in einer Weise, die vielleicht zu ganz anderen Formen des Lebens als den uns bekannten (mit Säugetieren einschließlich des Menschen) geführt hätte. Und vielleicht gibt es solches Leben ja tatsächlich im gewaltigen Universum noch auf anderen Planeten als auf unserer Erde. Schließlich gibt es ja auch im Lotto eine *Reihe* von Personen, die im Lauf der Zeit (in unterschiedlicher Höhe) zu Gewinnern werden.

IV. Offenbart sich uns Gott?

In Kapitel III ging es darum, Argumente für die Existenz Gottes zu untersuchen, die ihren Ausgang nehmen von gewissen empirischen Erkenntnissen über die Welt, die kein vernünftiger Mensch bezweifelt. Zweifelhaft waren hier nicht diese Erkenntnisse als solche, sondern allein die Annahme, daß diese Erkenntnisse tatsächlich geeignet sind, als Prämissen die Schlußfolgerung eines göttlichen Ursprungs der Welt ausreichend zu untermauern. Im vorliegenden Kapitel geht es um Argumente einer anderen Art. Diese Argumente erheben nicht den Anspruch, die Existenz Gottes durch die Welt und ihren Zustand einsichtig zu machen. Sie bestehen vielmehr in der Behauptung, daß Gott bei bestimmten Gelegenheiten oder unter bestimmten Umständen sich ganz unmittelbar den Menschen bzw. einigen Menschen offenbart. Die Erfahrungen, die Menschen in diesen Situationen typischerweise machen, stellen, so das Argument, einen ausreichenden Grund für die Annahme der Existenz Gottes – vielleicht sogar des spezifisch christlichen Gottes – dar.

Ein solcher Gottesbeweis «durch Offenbarung» (wie wir ihn nennen wollen) wird in sehr unterschiedlichen Versionen vertreten – je nachdem, an welche Art von Bedingungen die anscheinende Offenbarung Gottes geknüpft wird. Mit den wichtigsten dieser Versionen wollen wir uns in den folgenden Abschnitten befassen.

1. Göttliche «Wunder»

Eine zentrale Rolle im Gottesglauben vieler Christen spielt seit je die Überzeugung von einer Offenbarung Gottes auf dem Weg des Wunders. Ein Wunder im religiösen Sinn des Wortes ist mehr als ein bloß ungewöhnliches Ereignis. Es ist vielmehr ein Ereignis, auf das gleicherweise die beiden folgenden Bedingungen zutreffen: Es steht erstens im Widerspruch zu den Naturgesetzen. (Ich bezeichne ein solches Ereignis im folgenden als «Wunder$_1$».) Und es läßt sich zweitens, *weil* es im Widerspruch zu den Naturgesetzen steht, zutreffend als Resultat eines unmittelbaren Eingreifens Gottes in den gewöhnlichen Naturverlauf verstehen; nur dann ist es ein Wunder im Vollsinn des Wortes.

Selbst wenn ein Ereignis mit Sicherheit ein Wunder$_I$ ist, so folgt daraus noch nicht automatisch, daß es auch ein Wunder im Vollsinn ist. Ein überzeugter Atheist wird diese Folgerung wahrscheinlich ablehnen und einfach behaupten, daß das betreffende Ereignis, insofern es den Naturgesetzen widerspricht, eben unerklärbar sei. Anderseits wird derjenige, der bereits aus anderen Erwägungen oder Motiven heraus an Gott glaubt oder doch zu glauben geneigt ist, auf diesem Hintergrund ein Ereignis, das ein Wunder$_I$ ist, nicht ohne eine gewisse Berechtigung durchaus als Eingriff und Offenbarung Gottes deuten.

Es ist kaum möglich, von einem vollkommen neutralen Standpunkt aus zur Adäquanz einer religiösen Deutung oder Erklärung von Ereignissen, die im Widerspruch zu den Naturgesetzen stehen, Stellung zu beziehen. Nur so viel sei hier zu diesem heiklen Punkt noch gesagt: Für denjenigen, der nicht schon im vorhinein zumindest geneigt ist, an Gott zu glauben, wird ein Wunder$_I$ einen Grund darstellen können, allenfalls an ein göttliches Wesen, keinesfalls jedoch an Gott zu glauben. (Siehe zu diesem Unterschied ausführlich S. 13 f.) Denn um ein Wunder$_I$ auf religiöse Weise zu erklären, braucht man lediglich die Annahme eines Wesens, das selbst außerhalb der Naturgesetze steht und über eine gewisse Macht verfügt; *sämtliche* Eigenschaften Gottes braucht dieses Wesen jedoch nicht zu besitzen. Im Prinzip könnten Wunder sogar auf das Wirken solcher übernatürlicher Wesen wie Engel oder Teufel zurückgehen.

Es ist nach alledem kein Zufall, daß sich die Kritik am Gottesbeweis oder Argument der Wunder gewöhnlich nicht so sehr an der fraglichen religiösen Deutung von Wundern$_I$ entzündet, sondern vielmehr an der Annahme, daß es wirklich rational ist, an irgendwelche Wunder$_I$ zu glauben. Es wird also bereits die erste, unverzichtbare Bedingung eines Wunders, wonach es Ereignisse, die im Widerspruch zu den Naturgesetzen stehen, gibt, angezweifelt. Dabei bietet es sich auch hier – ähnlich wie im Fall des teleologischen Argumentes – wieder an, auf die richtungweisenden Analysen David Humes (Hume II, S. 109 ff.) zurückzugreifen. Interessanterweise setzen beide Argumente für die Existenz Gottes ja die Existenz von Naturgesetzen voraus. Während jedoch das teleologische Argument, wie wir sahen, die *Gesetzmäßigkeit* der Natur als Indiz nimmt für die Existenz Gottes, gilt nach dem Wunderargument gerade die unvorhersehbare *Abweichung* von dieser Gesetzmäßigkeit als ein solches Indiz.

An dieser Stelle könnte man auf den Gedanken kommen, die Möglichkeit von Wundern$_1$ einfach mit dem folgenden Argument zu leugnen: Wenn wir die Erkenntnis gewinnen, daß ein Ereignis tatsächlich im Widerspruch zu einem der uns geläufigen Naturgesetze steht, so beweist dies nichts anderes, als daß es das betreffende Naturgesetz in Wahrheit gar nicht gibt, daß wir dieses Naturgesetz vielmehr irrigerweise angenommen haben und deshalb vernünftigerweise wieder preisgeben bzw. zumindest modifizieren sollten. Nach dieser Sichtweise kann es Ereignisse, die tatsächlich (und nicht nur vermeintlich) im *Widerspruch* zu Naturgesetzen stehen, aus logischen Gründen gar nicht geben. Wunder sind damit von vornherein ausgeschlossen.

Diese Sichtweise hat bei näherer Betrachtung wenig für sich. Sie erinnert einen an das Dogma, wonach Gott schon deshalb nicht erkennbar sei, weil man ihn im Weltraum bislang noch nirgendwo entdeckt hat. Es ist einer rationalen Erörterung der Gottesfrage generell nicht dienlich, bestimmte Begriffe (wie den Begriff der Erkenntnis oder den des Wunders) von vornherein so eng zu fassen, daß gängige Argumente für die Existenz Gottes damit schon per definitionem diskreditiert werden. Deshalb ist es auch nicht sinnvoll, im Sinn der obigen Sichtweise ein Naturgesetz so zu verstehen, daß es einfach den ausnahmslosen Ablauf der Natur beschreibt. Wir sollten ein Naturgesetz vielmehr so verstehen, daß es den ausnahmslosen Ablauf der Natur beschreibt, *sofern* kein Eingriff von außen in die Natur erfolgt. Auf diese Weise ist die Möglichkeit von Wundern jedenfalls nicht von vornherein ausgeschlossen.

Ganz im Einklang mit dieser Auffassung formuliert in der Tat Hume seine Kritik an der Annahme von Wundern$_1$. Diese Kritik geht nicht dahin, daß die behaupteten Wunder$_1$ uns zur Revision der betroffenen Naturgesetze zwingen würden und damit ihren Charakter als Wunder$_1$ einbüßten, sondern daß die behaupteten Wunder$_1$ auf dem Hintergrund ebendieser Naturgesetze in Wahrheit keine hinreichende *Glaubwürdigkeit* besitzen und *deshalb* auch als religiöse Wunder nicht in Betracht kommen.

Wieso, fragt Hume zu Beginn seiner Argumentation, können wir überhaupt annehmen, daß ein bestimmtes Ereignis, das im Widerspruch zu den uns bekannten Naturgesetzen steht, tatsächlich stattgefunden hat? Wir wollen als Beispiele zwei jener typischen «Wunder» betrachten, wie sie in der Bibel in großer Zahl berichtet werden und im christlichen Glauben bis heute eine wichtige Rolle spielen. 1. Jesus verwandelt auf einer Hochzeitsfeier, nachdem während des Festmahls der Wein ausgegangen ist, etwa 600 Liter Wasser, das in steinerne Krüge gefüllt ist, in qualitativ hochwertigen Wein (Johannes 2,1–11; 4,46). 2. Nachdem Jesus gestorben ist und begraben wurde, ist er «am dritten Tag auferweckt worden» und anschließend «mehr als 500 Brüdern zugleich» erschienen (1 Korinther 15,3–6). Zunächst einmal dürften diese Beispiele die Richtigkeit der obigen These, daß normalerweise kein Grund besteht, die Behauptung eines Wunders zum Anlaß für eine Revision der Naturgesetze zu nehmen, wirkungsvoll bestätigen. Wohl kaum jemand, ob gläubig oder nicht, wird in diesen beiden Fällen auf den Gedanken kommen, die betreffenden Naturgesetze, mit denen die berichteten Ereignisse unvereinbar sind, ernsthaft in Frage zu stellen: Wunder dieser Art *widerlegen* nicht etwa überlieferte Naturgesetze; sie *verstoßen* vielmehr gegen solche Naturgesetze und weisen insofern auf eine außernatürliche Art ihrer Entstehung hin.

Die Frage, auf die es im Zusammenhang mit typischen «Wundern» ganz entscheidend ankommt, ist deshalb keine andere als die Humesche Frage: Haben die behaupteten Wunder$_1$ tatsächlich stattgefunden, das heißt, sind die betreffenden Wunderberichte tatsächlich glaubwürdig? Falls es keine glaubwürdigen Wunderberichte gibt, so ist das Wunderargument für die Existenz Gottes damit erledigt, ohne daß es noch weiterer Überlegungen bedarf. Die Frage der Glaubwürdigkeit aber hängt, so Hume, von folgender allgemeiner Überlegung ab.

Unter welchen Voraussetzungen ist es *generell* vernünftig, dem Bericht eines anderen Menschen über ein von ihm wahrgenommenes bzw. behauptetes Ereignis Glauben zu schenken? Dies ist offensichtlich im Prinzip dann vernünftig, wenn dieser Mensch glaubwürdig ist, das heißt, wenn anzunehmen ist, daß er weder einer Selbsttäuschung unterliegt noch seine Mitmenschen täuschen will, also unaufrichtig ist. Je größer die Glaubwürdigkeit des Zeugen ist, um so eher sind wir rationalerweise bereit, das von ihm bezeugte Ereignis für wahr zu halten.

Doch wenn wir genauer nachdenken, stellt sich heraus: Die allgemeine Glaubwürdigkeit des Zeugen ist für die Glaubwürdigkeit des bezeugten Ereignisses nicht der einzige relevante Gesichtspunkt. Ebenso relevant ist vielmehr die dem Ereignis als solchem innewohnende Wahrscheinlichkeit. Wir werden ja beispielsweise einem Kleinstadtpolitiker eher die Behauptung abnehmen, daß er kürzlich vom Bürgermeister seiner Heimatstadt als daß er kürzlich vom Bundeskanzler zum Abendessen eingeladen war.

Wenn wir nun beide genannten Gesichtspunkte miteinander kombinieren, so gelangen wir zu folgendem Prinzip: Je unwahrscheinlicher das bezeugte Ereignis als solches ist, desto glaubwürdiger muß der Zeuge sein, damit wir seinen Bericht als wahr akzeptieren können. So würden wir in dem obigen Beispiel die zweite Behauptung des Politikers wohl nur dann für wahr halten, wenn er uns als für einen Politiker ungewöhnlich seriös bereits bekannt wäre.

Was nun aber für unwahrscheinliche Ereignisse generell gilt, muß für Wunder$_1$, also *extrem* unwahrscheinliche Ereignisse, erst recht gelten: Einem Wunderbericht kann rationalerweise nur dann Glauben geschenkt werden, wenn die Unglaubwürdigkeit des bzw. der Zeugen noch unwahrscheinlicher ist als die Realität des berichteten Ereignisses. «Kein Zeugnis reicht aus, ein Wunder zu bestätigen, außer das Zeugnis ist von der Art, daß seine Unrichtigkeit ein größeres Wunder wäre als das Ereignis, das das Zeugnis bestätigen soll.... Ich wäge das eine Wunder gegen das andere ab und entscheide mich am Ende stets gegen das größere Wunder.» (Hume II, S. 116) Es dürfte schwerfallen, gegen diese Sichtweise und ihr Kriterium für die Akzeptabilität von Wundern$_1$ etwas einzuwenden.

Unter welchen Bedingungen aber können wir die Unrichtigkeit eines Zeugnisses für ein bestimmtes Wunderereignis als noch unwahrscheinlicher als das behauptete Ereignis selbst betrachten? Anders gefragt: Unter welchen Bedingungen würde die Annahme, daß die Zeugen eines «Wunders» entweder sich selbst (unbewußt) oder ihre Mitmenschen (bewußt) getäuscht haben, so außerordentlich unwahrscheinlich sein, daß an dem Glauben an das Wunderereignis in diesem Fall vernünftigerweise kein Weg vorbeigeht? Das läßt sich sicher nur nach sehr sorgfältiger Prüfung von Fall zu Fall entscheiden. Betrachten wir als Beispiel den folgenden Fall.

Weit über Deutschlands Grenzen hinaus berühmt wurde zu ihren Lebzeiten die katholische Schneiderstochter Therese Neumann aus Konnersreuth (1898–1962), aus deren Leben bis heute zahlreiche Wunderereignisse berichtet werden und deren Seligsprechungsprozeß im Vatikan derzeit von der «Abteilung Selig- und Heiligsprechungsverfahren» der zuständigen Diözese Regensburg vorbereitet wird. Seine Berühmtheit verdankt der Fall vor allem den Berichten, daß Therese seit dem Jahr 1926 bis zu ihrem Lebensende 1. stigmatisiert war sowie regelmäßig Blutungen und ekstatische Visionen hatte und 2. keinerlei feste Nahrung und keinerlei Flüssigkeit (abgesehen von der täglichen «heiligen Kommunion» in Form einer Hostie) zu sich nahm. Beide Behauptungen sind, was ihre Glaubwürdigkeit angeht, seit je umstritten und heute nur noch schwer definitiv überprüfbar. Wir wollen diesen Fall jedoch zum Anlaß nehmen, uns über den folgenden, von mir konstruierten Parallelfall nähere Gedanken zu machen.

Die katholische Schusterstochter A aus Coesfeld (1938–2002), die angeblich jahrelang Stigmatisierungen und ekstatische Visionen hatte, hat in den letzten drei Monaten des Jahres 2000 keinerlei Nahrung oder Flüssigkeit zu sich genommen. Dies berichten jedenfalls übereinstimmend einhundert angesehene, heute noch lebende Wissenschaftler und Journalisten. Die betreffenden Personen stammen aus den verschiedensten europäischen Ländern und gehören sämtlich keiner Religionsgemeinschaft an. Sie haben, nachdem von As jahrelangem Fasten als von einem «Wunder» berichtet worden war, vom 1. Oktober bis zum 31. Dezember 2000 A mit ihrem Einverständnis rund um die Uhr aufs sorgfältigste in der Weise überwacht, daß jederzeit mindestens zehn Mitglieder des Teams (in stets wechselnder Zusammensetzung) die Überwachung vornahmen, wobei niemand länger als zwei Stunden an einem Stück im Einsatz war. An der Unparteilichkeit und Integrität keiner der einhundert Personen besteht bis heute irgendein Zweifel.

Wie würden wir diesen fiktiven Fall beurteilen? Was die Stigmatisierungen und die ekstatischen Visionen von A angeht, so mag die Glaubwürdigkeit der betreffenden – von dem Team nicht überprüften – Behauptungen auf sich beruhen bleiben. Denn selbst wenn man diese Behauptungen als wahr unterstellt, so beweist dies nicht unbedingt, daß wir es hier tatsächlich mit Wundern$_1$ zu tun haben. Beide Phänomene sind, mögen sie auch noch so ungewöhnlich sein, möglicherweise trotzdem auf eine rein natürliche, psychologische bzw. neurologische Weise erklärbar.

Etwas anderes aber gilt für das Phänomen des dreimonatigen Überlebens von A ohne jede Nahrungsaufnahme. Dieses Phänomen ist nicht nur, falls wirklich zutreffend, mit Sicherheit ein Wunder$_1$. In diesem Fall scheint auch das Humesche Kriterium der *Glaubwürdigkeit* des Wunderereignisses hinreichend erfüllt zu sein. Zwar würde uns wohl auch in einem solchen Fall die Entscheidung nicht gerade leicht fallen: Am liebsten würden wir vermutlich weder dem Phänomen selbst Glauben schenken *noch* das Zeugnis der genannten Personengruppe für unglaubwürdig erklären. Da diese Lösung aber aus logischen Gründen nicht in Betracht kommt, würden wohl die meisten von uns – und zwar unabhängig davon, ob die Betreffenden an Gott glauben oder nicht – sich nach einigem Zögern für die Alternative der Glaubwürdigkeit der Zeugen und damit eines wirklichen Wunders$_1$ entscheiden. Und eine solche Entscheidung könnte unter den gegebenen Umständen sicher nicht als irrational bezeichnet werden.

Wenn all dies zutrifft, so zeigt das, daß das Humesche Kriterium keineswegs darauf hinausläuft, jeglichen Wunderglauben *von vornherein* für unseriös oder abwegig zu erklären: Die Hürde für einen rational vertretbaren Wunderglauben ist zwar hoch (schließlich steht jedem Wunderglauben ja ein Naturgesetz entgegen), aber nicht prinzipiell und unter allen Umständen unüberwindbar. Hume hätte den folgenden Sätzen aus der Kommentierung der Konnersreuther «Wunder» durch Michael Faulhaber, den damaligen Kardinal und Erzbischof von München-Freising, wohl kaum widersprechen können: «Es gibt eine Wunderscheu, wie es eine Wasserscheu gibt... Wenn Therese wirklich keine Nahrung zu sich nimmt und von der hl. Kommunion lebt, dann wäre die katholische Lehre vom Brote des Lebens neu bewiesen. Nein, die Wunderscheu, die Angst vor der Wahrheit, darf bei der Prüfung einer wundersamen Tatsache nicht mitsprechen.» (Faulhaber, S. 132) Es ist bedauerlich, daß Therese zeitlebens nicht bereit war, zu einer eingehenden Überprüfung ihrer angeblichen Nahrungslosigkeit die Einwilligung zu geben (siehe Hanauer, S. 314 ff.).

Wie die Wahrheit aussieht, muß fraglos in jedem Einzelfall von neuem aufs sorgfältigste und ohne Wunderscheu geprüft werden. Dabei erfordert eine solche Prüfung offensichtlich eine Fülle von relevantem Detailwissen über die Zeugen des «Wunders» sowie über die näheren Umstände der von diesen Zeugen angeblich gemachten Beobachtungen. Wie wenig angebracht insofern für den einzelnen ein *Pauschalurteil* zum Wunderglauben ist, mag folgender Umstand zeigen. Im Rahmen der katholischen Kirche setzt jede Seligsprechung *ein* Wunder und jede Heiligsprechung *zwei* Wunder voraus, also Verstöße gegen ein Naturgesetz, die nach Auffassung des Vatikans bei objektiver Betrachtung wirklich stattgefunden haben und auf die (auch postum noch mögliche) Fürbitte der betreffenden Personen hin von Gott gewirkt wurden. Allein in den Jahren 1979–2004 aber wurden von Papst Johannes Paul II. 1250 Personen selig- und 477 Personen heiliggesprochen (siehe *www.Heiligenlexikon.de*). Wenn man daraus die Anzahl der in diesem Zusammenhang für erwiesen erklärten Wunder errechnen will, muß man freilich berücksichtigen, daß jede Person, die heiliggesprochen wird, zuvor seliggesprochen wurde und insofern bereits eines der zwei notwendigen Wunder auf ihrem Konto hat.

Nach alledem kann ich es nur jedem Leser selbst überlassen, über die Glaubwürdigkeit der beiden oben angeführten biblischen Wunder einschlägige Recherchen anzustellen und sich zu fragen: Welche Hypothese hat die größere Wahrscheinlichkeit für sich, Hypothese 1, wonach die Berichterstatter der «Verwandlung von Wasser in Wein» bzw. der «Auferstehung Jesu» unglaubwürdig sind (also entweder sich selbst unbewußt oder ihre Nachwelt bewußt getäuscht haben), oder Hypothese 2, wonach die genannten Ereignisse tatsächlich stattgefunden haben? Die leicht nachvollziehbaren Wünsche jedes Lesers, in einer entsprechenden Situation (des Ausgehens alkoholischer Getränke bzw. des eigenen Ablebens) selber in den Genuß eines ähnlichen Wunders zu gelangen, sollten dabei sein eventuelles Votum für Hypothese 2 natürlich nicht beeinflussen.

Es sei an dieser Stelle nicht verschwiegen, daß Hume sich dazu hinreißen läßt, auf der Basis seines Glaubwürdigkeitskriteriums die pauschale Behauptung aufzustellen, daß *kein einziges* «Wunder» der Vergangenheit tatsächlich als hinreichend glaubwürdig angesehen werden kann. Sein zentrales Argument in diesem Zusammenhang lautet, kein einziger bisheriger Wunderbericht sei «bezeugt durch eine ausreichende Anzahl von Personen, die wie folgt charakterisierbar sind: Sie besitzen ohne Frage einen so gesunden Verstand, so viel Erziehung und so viel Bildung, daß jede Selbsttäuschung ausscheidet; ihre Integrität ist derart über jeden Zweifel erhaben, daß keinerlei Verdacht einer Täuschungsabsicht gegenüber anderen aufkommen kann; ihre Glaubwürdigkeit und ihr Ansehen in den Augen der Menschheit sind so groß, daß sie im Fall der Entdeckung einer Lüge sehr viel zu verlieren hätten» (Hume II, S. 116).

Dieses Argument enthält eine interessante Konkretisierung des Humeschen Kriteriums, die sicher vieles für sich hat. (Man vergleiche damit die in meinem obigen fiktiven Beispiel vorliegenden Bedingungen.) Eine andere Frage ist es allerdings, ob Hume – der nicht nur ein genialer Philosoph, sondern auch ein bedeutender Historiker war – auch recht hat mit seiner Folgerung, kein einziges «Wunder» der Vergangenheit könne den von ihm aufgestellten Glaubwürdigkeitsbedingungen genügen. Und eine weitere darüber hinausgehende Frage, die sich uns Heutigen stellt, ist die, ob es in den seit Humes Ausführungen vergangenen zweieinhalb Jahrhunderten nicht vielleicht «Wunder» gab, die den geforderten Bedingungen genügen.

Die folgende von Papst Gregor XVI. für den Glauben an die Auferstehung Jesu – ganz im Einklang mit der Humeschen Grundposition – aufgestellte Forderung gilt nicht nur für dieses, sondern ebenso für jedes andere von irgend jemandem behauptete Wunder: «Man hat nicht das Recht, von einem Ungläubigen zu erwarten, daß er die Auferstehung unseres göttlichen Erlösers anerkennt, bevor man ihm sichere Beweise dafür geliefert hat» (Denzinger, Nr. 2754).

Wir wollen einmal annehmen, daß wir das eine oder andere biblische «Wunder» als glaubwürdig (im Sinne eines Wunders$_1$) akzeptieren können. Was würde daraus für die Gottesfrage folgen? Es würde *nicht* folgen, daß wir damit bereits ein ausreichendes Argument für die Existenz Gottes besitzen. Wir würden vielmehr lediglich ein gewisses Argument für die Existenz eines göttlichen Wesens besitzen (siehe oben S. 13). Um dieses göttliche Wesen aber darüber hinaus auch etwa als den Gott des Christentums identifizieren zu können, müßten wir zumindest noch die zusätzliche Annahme machen, daß jene «Wunder», die innerhalb ganz anderer Religionen zu *deren* Beweis zitiert werden, *nicht* glaubwürdig sind. Es ist recht kühn, wenn Papst Pius XII. ohne weiteres behauptet, daß aufgrund der zahlreichen von Gott gewirkten Wunder «allein kraft des natürlichen Lichtes der Vernunft der göttliche Ursprung der christlichen Religion sicher bewiesen werden kann» (Denzinger, Nr. 3876). Aus dem genannten Grund ist dies selbst dann kühn, wenn die behaupteten «Wunder» tatsächlich stattgefunden haben. Mit einem ganz ähnlichen Problem werden wir im Rahmen der Erörterungen des folgenden Abschnitts noch ausführlicher zu tun haben.

2. «Begegnungen» mit Gott

Unter «Begegnungen» mit Gott wollen wir unmittelbare Erfahrungen Gottes verstehen, die manche Individuen unter gewissen Umständen machen, ohne daß diese Erfahrungen von denen, die sie machen, unbedingt als Wunder$_1$, also als Verstöße gegen ein Naturgesetz, verstanden werden. Unter diese Kategorie fallen insbesondere gewisse ekstatische Erlebnisse außergewöhnlicher Individuen wie der sogenannten Mystikerinnen und Mystiker. Unter diese Kategorie fallen aber auch Gotteserfahrungen, von denen ganz gewöhnliche Menschen gelegentlich berichten.

Das klassische Werk, in dem eine Vielzahl konkreter Gotteserfahrungen sowohl im Detail dargestellt als auch psychologisch analysiert und philosophisch gedeutet wird, wurde 1902 von dem amerikanischen Philosophen und Psychologen William James verfaßt und liegt in deutscher Übersetzung unter dem Titel *Die Vielfalt religiöser Erfahrung* vor. Ich werde nun zwei Beispiele dieser von James dargestellten Erfahrungen zitieren.

Erfahrung 1. Eine große deutsche Mystikerin, die heilige Gertrud von Helfta (1256–1302), erlebte eine ihrer Christusvisionen so: «Eines Tages hörte sie in der Kapelle, wie auf übernatürliche Weise die Worte ‹Sanctus, sanctus, sanctus› gesungen wurden. Der Sohn Gottes neigte sich wie ein zärtlicher Liebhaber zu ihr hinab, gab ihrer Seele den sanftesten Kuß und sagte beim zweiten Sanctus zu ihr: ‹Im Namen dieses Sanctus, das an meine Person gerichtet ist, empfange mit diesem Kuß alle Heiligkeit meiner Gottheit und meiner Menschheit und laß es dir eine hinreichende Vorbereitung für den Gang zum Abendmahlstisch sein.› Und als sie am nächstfolgenden Sonntag Gott für diese Gnade dankte, siehe, da nimmt der Sohn Gottes, schöner als tausend Engel, sie in seine Arme, als wäre er stolz auf sie, und reicht sie Gott dem Vater in der vollkommenen Heiligkeit dar, mit der er sie begabt hatte. Und der Vater fand solches Gefallen an dieser Seele, die ihm von seinem eingeborenen Sohn dargereicht wurde, daß er – als könnte er sich nicht länger zurückhalten – und auch der Heilige Geist ihr die ihrem jeweiligen *Sanctus* zugehörige Heiligkeit verliehen; und so wurde sie begabt mit der vollkommenen Fülle der *Heiligkeit,* die ihr von der Allmacht, der Weisheit und der Liebe verliehen worden war.» (James, S. 542 f.)

Erfahrung 2. Die mit so berühmten Männern wie Richard Wagner und Friedrich Nietzsche befreundete Schriftstellerin Malwida von Meysenbug (1816–1903) berichtet in ihren Memoiren folgendes: «Ich war allein am Meeresufer, als mich alle diese Gedanken befreiend und versöhnend umfluteten, und wieder, wie einst in fernen Tagen in den Alpen der Dauphiné, trieb es mich, hier niederzuknien vor der unbegrenzten Flut, Sinnbild des Unendlichen. Ich fühlte, daß ich betete, wie ich nie zuvor gebetet hatte, und erkannte nun, was das eigentliche Gebet ist: Einkehr aus der Vereinzelung der Individuation heraus in das Bewußtsein der Einheit mit allem, was ist, niederknien als das Vergängliche und aufstehen als das Unvergängliche. Erde, Himmel und Meer erklangen wie in einer großen weltumfassenden Harmonie. Mir war es, als umgebe mich der Chor aller Großen, die jemals gelebt hatten. Ich fühlte mich eins mit ihnen, und es schien mir, als hörte ich ihren Ruf: ‹Auch du gehörst zu der Gemeinschaft derer, die es geschafft haben!›» (James, S. 394)

Die Akzeptanz derartiger Erfahrungen als Belege für die Existenz Gottes ist aus mehreren Gründen sehr problematisch. Zunächst einmal: Daß ein bestimmtes Individuum tatsächlich die behauptete subjektive Erfahrung hat, ist die eine Sache. Daß dieser subjektiven Erfahrung aber auch eine objektive Realität entspricht, die von dieser Erfahrung adäquat erfaßt wird, ist die andere Sache. Man kann sich diesen Unterschied etwa an dem Phänomen des Traumes gut klarmachen. Wenn A behauptet, in der letzten Nacht im Traum erlebt zu haben, daß er dem Papst vorgestellt wurde, so hat A, falls er nicht lügt, die betreffende subjektive Erfahrung tatsächlich gehabt. Wie wir wissen, wurde A jedoch in Wahrheit in der letzten Nacht *nicht* dem Papst vorgestellt. Mit anderen Worten: As subjektiver Erfahrung entspricht in diesem Fall keine objektive Realität.

Nun gibt es außer eigentlichen Träumen bekanntlich auch so etwas wie «Tagträume». Und die große Frage ist, ob eine Gotteserfahrung – so glaubwürdig sie als subjektive Erfahrung des betreffenden Individuums auch sein mag – nicht insofern mit einem Tagtraum auf einer Stufe steht, als sie in Wahrheit keine hinreichende Evidenz für eine ihr entsprechende objektive Realität darstellt. Leider ist die Frage – ähnlich wie die Wunderfrage – in dieser allgemeinen Form kaum abschließend mit einem eindeutigen Ja oder Nein zu beantworten. Man kann jedoch einige Gesichtspunkte anführen, die für ihre Beantwortung mit Sicherheit von Relevanz sind.

Der Gesichtspunkt, der einem sogleich in den Sinn kommt, ist dieser: Bestimmte *empirische* Erfahrungen macht absolut *jeder* Mensch bzw. jeder Mensch, dessen Sinnesorgane intakt sind und der sich in einer bestimmten Position dem Objekt seiner Erfahrung gegenüber befindet. So macht jeder etwa die visuelle Erfahrung von Papst Johannes Paul II., sofern er dem Papst tatsächlich gegenübersteht und außerdem nicht blind ist; und folglich spricht diese jedermann zugängliche Erfahrung dafür, daß Johannes Paul II. objektiv existent ist. Gotteserfahrungen aber haben nur *einige* Menschen; und selbst dann, wenn genau dieselben äußeren Bedingungen, unter denen diese Menschen ihre Gotteserfahrungen haben, auch bei anderen Menschen vorliegen, haben diese anderen Menschen derartige Erfahrungen nicht. (Ich selbst habe zum Beispiel bei meinen zahlreichen Kirchenbesuchen und Aufenthalten am Meer nie ähnliche Erfahrungen wie Gertrud von Helfta und Malwida von Meysenbug gehabt.) Auch viele Menschen, die an Gott glauben, würden nicht von sich behaupten, Gott jemals unmittelbar erfahren zu haben. Man darf in diesem Zusammenhang Erfahrungen oder Erlebnisse einer bestimmten göttlichen Wirklichkeit nicht verwechseln mit bloßen religiösen *Emotionen,* wie sie auch der normale Gläubige etwa beim Gottesdienst verspürt.

Zwischen empirischen Erfahrungen, wie wir sie *alle* machen (bzw. machen können), und Gotteserfahrungen, wie sie nur wenige von uns machen (und machen können), besteht nach alledem, auch abgesehen von dem Erfahrungsinhalt, ein wesentlicher Unterschied. Wie kommt es zu diesem Unterschied? Fehlt den Menschen ohne Gotteserfahrung vielleicht ein ganz bestimmtes, inneres Erfahrungsorgan, das Menschen wie Gertrud von Helfta und Malwida von Meysenbug besitzen? Dies ist offenbar *eine* Möglichkeit. Oder lassen sich die subjektiven Gotteserfahrungen dieser Menschen auf eine ganz natürliche, psychologische Weise erklären, die auf die Annahme der tatsächlichen Existenz Gottes als Erklärungshypothese nicht im geringsten angewiesen ist? Dies ist eine *andere* Möglichkeit. Natürlich wäre bei dieser Möglichkeit die Existenz Gottes nicht etwa widerlegt. Wir könnten lediglich aus der Tatsache subjektiver Gotteserfahrungen nicht auf die Existenz Gottes schließen.

Auch umfangreiche Überlegungen und Untersuchungen dürften kaum dazu führen, auf diese beiden sehr komplexen Fragen eine definitive Antwort zu finden. Vielleicht wird mancher Leser dazu neigen, das Problem wie folgt zu lösen: Die unmittelbare Gotteserfahrung des A ist ein Grund zwar für A, nicht aber für seine Mitmenschen, an die Existenz Gottes zu glauben. Bei näherer Betrachtung kann diese Lösung jedoch nicht befriedigen. Natürlich hat allein A aufgrund seiner persönlichen Erfahrung einen Grund im Sinn eines starken *Motivs* zum Glauben. Was jedoch einen Grund im Sinn eines *guten*, das heißt eines hinreichend rationalen Grundes angeht, so scheint mir, daß es hier nur ein «alles oder nichts» gibt: Entweder As Erfahrung stellt für *jedermann* einen solchen Grund dar; oder sie stellt für *niemanden,* also auch nicht für A selbst, einen solchen Grund dar.

Ganz entsprechend würden wir ja auch im empirischen Bereich urteilen. Angenommen, einige im allgemeinen als zuverlässig bekannte Individuen behaupten, in einer unbewohnten Gegend der Welt einen Yeti gesehen zu haben. Vernünftigerweise würde man in diesem Fall sowohl die Sehfähigkeit der Zeugen als auch die näheren Umstände ihrer Wahrnehmungserlebnisse genau überprüfen und vom Ergebnis einer solchen Überprüfung sein Urteil über die Existenz des Yeti abhängig machen. Man würde wohl kaum jeder Entscheidung der Frage einfach dadurch ausweichen, daß man sagt: «Für die betreffenden Individuen ist es durchaus rational, an die Existenz des Yeti zu glauben; für alle anderen Menschen aber ist es nicht rational, daran zu glauben.»

Bei der Frage nach Gott, auch wenn sie viel schwieriger ist, sollte man im Prinzip nicht anders vorgehen. Denn entweder Gott existiert, oder er existiert nicht. Es ist unsinnig oder jedenfalls irreführend zu sagen: «Gott existiert für A, nicht aber für B.» Was man unter diesen Umständen richtigerweise sagen sollte, ist etwa: «A glaubt an die Existenz Gottes, B nicht; ich selber aber bin noch unentschieden, wer von beiden die besseren Argumente auf seiner Seite hat.»

Es gibt nun allerdings noch einen weiteren, oft übersehenen Gesichtspunkt, der sehr deutlich *gegen* eine Verwendbarkeit von Gotteserfahrungen als Beleg für die tatsächliche Existenz Gottes spricht. Dieser Gesichtspunkt betrifft nicht, wie der bislang erörterte, die unzureichende Zugänglichkeit und Überprüfbarkeit derartiger Erfahrungen; er betrifft vielmehr ihren *Inhalt*. Der Punkt ist folgender: Im Bereich des Religiösen gibt es eine Vielzahl von Erlebnissen, Wahrnehmungen oder Erfahrungen, die alle mit Annahmen über eine gewisse Wirklichkeit verbunden sind. Die diversen religiösen Erfahrungen verschiedener Individuen sind aber inhaltlich so unterschiedlich, daß sie keineswegs die Existenz *Gottes* übereinstimmend belegen. Diese Behauptung bedarf der Erläuterung und Begründung.

Betrachten wir Erfahrung 1. Inhalt dieser Erfahrung ist offensichtlich der dreifaltige Gott der christlichen Offenbarungsreligion. Dieser und vielen ähnlichen Erfahrungen stehen nun aber nicht wenige ebenfalls religiöse Erfahrungen gegenüber, in denen Menschen auf dem Hintergrund ihrer jüdischen oder islamischen Tradition, in der die Trinitätslehre eine Blasphemie darstellt, Gott als einen Gott erfahren, der keinesfalls dreifaltig ist. Nun könnte man insoweit sagen: «Das schadet nicht; denn was alle diese Erfahrungen gleicherweise belegen, ist jedenfalls die Existenz dessen, was den gemeinsamen Nenner ihrer Gottesvorstellungen bildet: des Gottes nach monotheistischem Verständnis. Und die Existenz ebendieses Gottes ist es ja, die für uns zur Debatte steht! Ob dieser Gott außerdem dreifaltig ist oder nicht, kann insoweit – als Frage der Offenbarung innerhalb der jeweiligen Religion – offenbleiben.»

Die Unterschiedlichkeit tatsächlicher religiöser Erfahrungen ist nun aber in Wahrheit noch viel größer: Nicht nur im Rahmen der monotheistischen Religionen, sondern im Rahmen *aller möglichen* Religionen und ihrer Gottesvorstellungen gibt es Erfahrung 1 entsprechende Erfahrungen mit im einzelnen extrem verschiedenen, einander widersprechenden Inhalten. Und es gibt im Prinzip keinen Grund, diesen Erfahrungen weniger Vertrauen zu schenken als den Erfahrungen monotheistischer Art. Wie vielfältig und zueinander widersprüchlich diese religiösen Erfahrungen aber sind, dürfte unmittelbar einleuchten, wenn man sich Erfahrungen im Rahmen etwa des (partiell atheistischen!) Buddhismus, des (polytheistischen) Hinduismus oder einer afrikanischen Stammesreligion vorstellt. Gibt es, so ist zu fragen, zwischen der Erfahrung 1 und derartigen religiösen Erfahrungen ebenfalls noch einen gemeinsamen inhaltlichen Nenner, dessen reale Existenz von sämtlichen dieser Erfahrungen gleicherweise beglaubigt wird?

James ist aufgrund seiner umfangreichen Untersuchungen in der Tat der Meinung, daß es einen solchen gemeinsamen Nenner gibt, daß also das Spezifische einer *religiösen* Erfahrung nicht nur in der ungewöhnlichen Art, wie sie zustande kommt, sondern eben auch in ihrem Inhalt liegt. Und zwar nimmt James an, daß jenes «Minimum», das auf der Grundlage religiöser Erfahrungen «von allen religiösen Menschen Zustimmung erhoffen darf», in der Überzeugung liegt, daß 1. «die sichtbare Welt Teil eines mehr geistigen Universums ist, aus dem sie ihre eigentliche Bedeutung gewinnt», daß 2. «die Vereinigung mit diesem höheren Universum bzw. eine harmonische Beziehung zu diesem unsere wahre Bestimmung ist» und daß 3. durch «die innere Gemeinschaft mit dem Geist dieses Universums... spirituelle Energie in die Erscheinungswelt einfließt und dort psychologische oder materielle Wirkungen hervorbringt» (James, S. 484 bzw. S. 473). An anderen Stellen spricht James anstatt von einem «geistigen Universum» auch von einer «helfenden Macht», die er als eine «größere Macht» bezeichnet, die dem Menschen «wohlgesonnen ist»; außerdem spricht er von dem mit einer religiösen Erfahrung einhergehenden Gefühl einer inneren Heilung, «wenn wir mit den höheren Mächten in die richtige Verbindung treten» (James, S. 488, S. 501 bzw. S. 487).

Nun gibt es neben religiösen Erfahrungen, die mit den spezifischen Inhalten ganz bestimmter Religionen einhergehen, gewiß auch solche religiösen Erfahrungen, die in diesem Punkt neutral sind, weil sie von vornherein über den von James dargestellten gemeinsamen Nenner nicht oder nicht nennenswert hinausgehen. (Ein Beispiel dürfte Erfahrung 2 sein.) Diese Erfahrungen können deshalb, was ihren Wahrheitsanspruch angeht, keiner anderen religiösen Erfahrung widersprechen.

Auf die Mehrzahl religiöser Erfahrungen aber trifft dies offenbar nicht zu. Sie sind in ihrem spezifischen Gehalt miteinander unvereinbar und können wegen dieser Unvereinbarkeit unmöglich als glaubwürdige Belege für eine ihrem jeweiligen Gehalt entsprechende objektive Realität dienen. So können etwa das monotheistische und das polytheistische Weltbild aus logischen Gründen nicht *beide* wahr sein. Das sieht auch James trotz seiner grundsätzlich positiven Einstellung zur Beweiskraft religiöser Erfahrungen nicht anders. Er schreibt nämlich ausdrücklich, daß die verschiedenen Erscheinungsformen religiöser Erfahrung wie die monotheistische, die polytheistische oder jene pantheistische Erscheinungsform, wonach die größere Macht erfahren wird als eine «geistige Strömung...», die in das ewige Weltgefüge eingebettet ist» – daß diese verschiedenen Erscheinungsformen in ihrer jeweiligen Besonderheit «sich gegenseitig neutralisieren und keine festen Rückschlüsse zulassen, weil die theologischen Lehren, die sie bekräftigen, nicht miteinander verträglich sind» (James, S. 489 bzw. S. 492).

Nach alledem kommen religiöse Erfahrungen, und zwar selbst Erfahrungen monotheistischer Natur, als Argumente für die Existenz des monotheistischen Gottes *nicht* in Betracht – und dies auch dann nicht, wenn es tatsächlich eine *gewisse* objektive Realität gibt, für die diese Erfahrungen Zeugnis ablegen. Denn keine religiöse Erfahrung kann, so wie die Dinge liegen, mehr als den gemeinsamen inhaltlichen Nenner sämtlicher religiösen Erfahrungen beglaubigen. Es ist ein häufig anzutreffender, doch eklatanter Fehlschluß, in einer für glaubwürdig gehaltenen religiösen Erfahrung, bloß weil sie über das übliche Weltverständnis der Naturwissenschaften hinausgeht, bereits ein Argument für die Existenz *Gottes* zu erblicken.

Es ist durchaus *nicht* der Fall, daß religiöse Menschen, wie oft gesagt wird, «unter verschiedenen Namen in Wahrheit alle an denselben Gott glauben». Der monotheistisch verstandene Gott ist keineswegs derselbe Gott wie die polytheistisch verstandenen Götter; und weder jener Gott noch diese Götter sind dasselbe wie jene pantheistisch verstandene «geistige Strömung, die in das ewige Weltgefüge eingebettet ist». Es mag sein, daß es etwas gibt, woran alle, die religiöse Erfahrungen haben, sowie alle, die überhaupt religiös sind, *übereinstimmend* glauben; und dieses Etwas mag man mit James als eine «helfende Macht» bezeichnen. Wie enorm vage und unbestimmt diese «helfende Macht» jedoch in ihren Auswirkungen ebenso wie in ihrem Wesen im Vergleich mit jenem monotheistischen Gott ist, dessen Existenz Thema dieses Buches ist, dürfte ein erneuter Blick auf Erfahrung 2 jedem mit dem Christentum vertrauten Leser mehr als deutlich machen. In eine religiöse Erfahrung wie Erfahrung 2 einfach stillschweigend den eigenen, vertrauten Begriff von Gott hineinzulegen, um sie anschließend als Beleg für die Existenz ebendieses Gottes zu verwenden, ist mindestens so willkürlich und illegitim, wie unter Berufung auf dieselbe Erfahrung zu versuchen, dem spezifisch pantheistischen Weltbild Glaubwürdigkeit zu verschaffen.

Außerdem sei noch bemerkt, daß James eine wichtige Kategorie religiöser Erfahrungen völlig übergeht. Ich meine solche Erfahrungen, in denen jene «höheren Mächte», mit denen das Subjekt der Erfahrung sich in Verbindung fühlt, keineswegs als «helfend», sondern im Gegenteil als bedrohlich und böse erfahren werden. Derartige Erfahrungen machen insbesondere Menschen, die zwar an Gott oder göttliche Mächte glauben, sich aber zeitweise vom Teufel oder seinen Hilfskräften besessen fühlen. Wie häufig derartige Erfahrungen tatsächlich sind, mag man daraus ersehen, daß allein der Chef-Exorzist des Vatikans in Italien in den vergangenen drei Jahrzehnten auf Ersuchen der Besessenen «laut Kirchenstatistik über 40000 Menschen vom Satan befreite» (*Bild am Sonntag* vom 21.3.2004, S. 30 f.). Bei der Würdigung dieser Zahl ist noch zu bedenken, daß nach Auffassung der Experten nicht alle Versuche, den Teufel auszutreiben, als dauerhaft erfolgreich gelten können. Auf der anderen Seite gibt es Länder, in denen religiöse Erfahrungen teuflischer Besessenheit anscheinend weniger häufig sind als in Italien. Doch auch in diesen Ländern ist der Bedarf an Hilfe im Kampf gegen den Satan beträchtlich: «300 Teufels-Austreiber arbeiten weltweit für den Vatikan» (*Bild* vom 26.2.1997, S. 12). Martin Luther, der an den Teufel ebenso fest wie an Gott glaubte, traf in der Tat die Feststellung, daß die ganze Welt vom Teufel besessen sei: «totum mundum a Satana obsessum» (Luther, Bd. 43, S. 123).

Vermutlich gibt es im Kontext anderer Religionen als des Christentums ganz ähnliche Erfahrungen «höherer Mächte», die dem Menschen alles andere als «wohlgesonnen» sind. Wer, James folgend, prinzipiell bereit ist, religiöse Erfahrungen als Beleg für die reale Existenz der erfahrenen Mächte anzuerkennen, wird konsequenterweise auch die Erfahrungen dieser Art zu berücksichtigen haben. Er sollte *beide* Arten von religiösen Erfahrungen gleicherweise in jedem Einzelfall sorgfältigst prüfen und analysieren, bevor er sie als Beleg für eine ihnen entsprechende objektive Realität ernst nimmt. Die Lage ist insofern eine ähnliche wie die im Fall behaupteter Wunder, wo man sich ebenfalls vor Pauschalurteilen hüten sollte (vgl. S. 40).

Als willkürlich muß man eine unter unseren Theologen wachsende Tendenz bezeichnen, jegliche Teufelserfahrung – im Unterschied zu einer Gotteserfahrung – *von vornherein* als rein psychologisch erklärbar oder gar als neurotisch abzutun. An beide Arten von Erfahrungen sind vielmehr dieselben Maßstäbe anzulegen: Die bloße Tatsache, daß jemand sich vom Teufel gequält bzw. von Gott geküßt *fühlt,* kann in keinem Fall als hinreichender Grund für irgend jemanden (ihn selbst eingeschlossen) gelten, an die *Existenz* des Teufels bzw. Gottes zu glauben.

Das Ergebnis dieses Kapitels lautet: Der Gottesbeweis durch Offenbarung kann jedenfalls ohne schwierige und aufwendige Einzeluntersuchungen historischer bzw. psychologischer Natur – als Beweis für die Existenz des monotheistischen Gottes – keine Überzeugungskraft beanspruchen.

V. Ist Gott unverzichtbar für die Moral?

Kein anderes Argument für die Existenz bzw. für den Glauben an die Existenz Gottes ist in unserer gegenwärtigen Gesellschaft so verbreitet wie jene Sichtweise, wonach ein enger, unverzichtbarer Zusammenhang zwischen dem Gottesglauben und der Moral besteht. Wir wollen dieses sich nicht rein theoretischen, sondern praxisbezogenen Erwägungen verdankende Argument als das «moralische» Argument für die Existenz Gottes bezeichnen.

Mit welcher Selbstverständlichkeit die meisten Meinungsführer in unserer Gesellschaft bei jeder Gelegenheit den notwendigen Zusammenhang zwischen Moral und Gottesglauben betonen, zeigen auf eindrucksvolle Weise stets von neuem die gängigen Kommentare zu einschlägigen Themen in der angesehenen Tageszeitung *Frankfurter Allgemeine*. So schreibt etwa der Redakteur Kurt Reumann in seinem Leitartikel mit dem Titel «Ohne Gott ist alles erlaubt» unter anderem: «Der Gottesbezug ist der Anker nicht nur der Verfassung, sondern auch allen Sinns, jeder Moral». Die im Titel zum Ausdruck kommende «Warnung», wonach ohne Gottesglauben auch keine Moral möglich ist, sei heutzutage «notwendiger denn je». Im Grunde wüßten auch die Skeptiker so gut wie die Christen, «wie stark die Religion dem diesseitigen Leben nützt: Der Glaube begründet sittliche Werte, er weckt Hilfsbereitschaft, stärkt das Gemeinschaftsgefühl, schenkt Geborgenheit, schafft Sinn» (*Frankfurter Allgemeine* vom 9. 1. 1994, S. 1).

Diese Sichtweise, für die es aus dem Munde von Personen des öffentlichen Lebens eine Vielzahl von Belegen gibt, ist für gelernte Theologen erst recht selbstverständlich. So verteidigt sie beispielsweise Peter Beier, Oberhaupt der Evangelischen Kirche im Rheinland, in einem Interview unter dem Titel «Ein Volk ohne Gott hat keine Zukunft» (*Christ und Welt* vom 1.4. 1994, S. 24); und der Wiener Erzbischof und Kardinal Christoph Schönborn betont, «daß Religion für die Demokratie ‹unerläßlich› sei» (*Kurier* vom 8. 10. 1998, S. 1) Der berühmte katholische Theologe Hans Küng fordert gar eine theologische Letztbegründung der Ethik, von der er behauptet: «Nur eine solche Letztbegründung des Ethos in Gott läßt jenen unverletzlichen Wert, jene unantastbare Würde und unaufgebbare Freiheit des Menschen als begründet erscheinen, die eine freiheitliche Gesellschaft einfachhin voraussetzen muß, wenn sie nicht im Nihilismus des Geltenlassens von allem untergehen oder in einen Totalitarismus umschlagen will» (Küng II, S. 639).

Besonders von offizieller katholischer Seite wird immer wieder darauf hingewiesen, wie untrennbar Moral und Gottesglaube miteinander verknüpft seien. So heißt es etwa zur Erläuterung des Bibelwortes von den Toren, die Gott leugnen (Psalmen 53,2): «Der Tor, von dem hier die Rede ist, ist kein dummer Mensch, sondern ein frecher und böser Mensch. Er macht sich nichts aus Gott, will ihn nicht kennen, fürchtet sich nicht vor seinem Gericht. Er spricht und handelt, als ob es Gott nicht gäbe, als ob er selbst Gott wäre. Er ist hochmütig, verachtet die Wahrheit und tritt die Gerechtigkeit mit Füßen» (*Katholischer Erwachsenen-Katechismus*, S. 26).

Bei kritischer Betrachtung stellt sich allerdings heraus, daß das in dieser Sichtweise zum Ausdruck kommende moralische Argument von allen Argumenten für die Existenz Gottes mit Abstand das schwächste ist. Um dies im einzelnen zu erkennen, müssen wir unbedingt zwei Versionen des Argumentes unterscheiden, die in seiner populären Fassung (wie oben dargestellt) fast immer ohne jede Differenzierung miteinander vermengt werden bzw. ineinander übergehen. In der Version 1 lautet das Argument: Ohne Gottesglauben lassen sich moralische Normen oder Forderungen nicht *begründen*. Ohne diesen Glauben hängt die Moral begründungstheoretisch in der Luft. In der Version 2 dagegen lautet das Argument: Ohne Gottesglauben werden sich die Menschen, selbst wenn die Moral sich ohne ihn begründen läßt, in der Realität nicht bzw. in geringerem Ausmaß moralisch *verhalten*. Ohne diesen Glauben sind die Menschen für den moralischen Alltag nicht hinreichend gerüstet und motiviert. Wir wollen diese beiden Versionen des Arguments, wonach der Gottesglaube für die Moral unverzichtbar ist, nun erörtern.

1. Die Moralbegründung

Nach einem berühmten Diktum Fjodor Dostojewskijs ist, wenn es keinen Gott gibt, dem Menschen alles erlaubt (Dostojewskij, S. 97 f. und S. 860 f.). Dieses Diktum ist sicher nicht so zu verstehen, daß es ohne Gott keine Normen des Rechts und der Sozialmoral in der Gesellschaft gibt, die dem Menschen Vorschriften machen. Gemeint ist vielmehr, daß ohne Gott alles in dem Sinn erlaubt ist, daß der Mensch ganz unabhängig von weltlichen Regeln und Sanktionen jedenfalls keinen guten Grund hat, sich in der Verfolgung seiner egoistischen Antriebe irgendwelchen Normen zu unterwerfen, daß ihm also ohne Gott *im Grunde* alles erlaubt ist.

Wenn diese These richtig ist, so könnte das für die Gottesfrage durchaus von Bedeutung sein. Eine logische Konsequenz des Satzes, daß dann, wenn es keinen Gott gibt, alles erlaubt ist, lautet nämlich, daß dann, wenn nicht alles erlaubt ist, es einen Gott gibt. Da wir aber durchweg davon überzeugt sind, daß im Grunde nicht alles erlaubt ist, müssen wir der These zufolge somit auch an die Existenz Gottes glauben. Insofern bietet Dostojewskijs These, falls sie zutrifft, ein schlüssiges Argument für die Annahme der Existenz Gottes. Trifft diese These jedoch zu? Ist die Annahme der Existenz Gottes unverzichtbar für die Moralbegründung?

Diese Frage ist umstritten. Bis heute wird sie sowohl von Theologen als auch von einigen Philosophen durchaus bejaht. So ist etwa laut *Katechismus der Katholischen Kirche* (Nr. 1959) das «natürliche Sittengesetz» nichts anderes als das «Werk des Schöpfers» und stellt als solches «die unerläßliche sittliche Grundlage für den Aufbau der menschlichen Gemeinschaft» dar. Mit anderen Worten: Ohne einen Schöpfergott gäbe es keine Grundlage für die Sittlichkeit. Auch in der Verkündigung der christlichen Kirchen trifft man regelmäßig auf diese Behauptung. Und der Philosoph Robert Spaemann erklärt ganz unverblümt im Sinne Dostojewskijs, «daß alles erlaubt ist, wenn es Gott nicht gibt» (Spaemann, S. 105).

Diese Position der Unverzichtbarkeit des Gottesglaubens für die Moralbegründung ist jedoch verschiedenen gravierenden Einwänden ausgesetzt.

1. Es gibt mehr als einen ernstzunehmenden Versuch der Moralbegründung, der ohne jede Bezugnahme auf Gott auskommt. Zwar

kann ich der moralphilosophischen Begründungsfrage in der vorliegenden Schrift nicht näher nachgehen. Ich habe die wichtigsten Versuche säkularer Moralbegründung jedoch in meinem Buch *Ethik und Interesse* (Hoerster I, passim) eingehend erörtert und in diesem Zusammenhang selber eine gänzlich metaphysikfreie, nämlich interessenfundierte Sichtweise verteidigt. Die Position Spaemanns jedenfalls wird unter Berufsphilosophen heute kaum noch vertreten.

2. Bei genauerer Prüfung zeigt sich, daß die Hypothese der Existenz Gottes für die Moralbegründung nicht nur verzichtbar ist, sondern – jedenfalls als alleinige Basis der Moralbegründung – nicht einmal geeignet ist. Dies zeigen die folgenden Überlegungen. Die Anhänger der These Dostojewskijs sind der Überzeugung, daß die für den Menschen verbindliche Moral in vollem Umfang identisch ist mit von Gott für den Menschen festgelegten Normen. Dabei ist es sekundär, ob nach dieser Sichtweise Gott die Normen bereits mit der Schöpfung (in Form eines sogenannten Naturrechts) oder erst später (in Form von ausdrücklichen Geboten) erlassen hat. Die kritische Frage, die wir stellen müssen, ist in beiden Fällen dieselbe: Können göttliche Normen tatsächlich unsere Moral ausreichend begründen?

Um dies behaupten zu dürfen, müssen wir zunächst einmal annehmen, daß Gott, sofern er existiert, auch tatsächlich Normen erlassen hat – und zwar Normen, deren Inhalt wir erkennen können. Denn wir können unsere Moral ja unmöglich nach Normen ausrichten, die es gar nicht gibt oder deren Inhalt uns nicht bekannt ist. Die genannte Annahme, die über die bloße Annahme der *Existenz* Gottes deutlich hinausgeht, wird uns im folgenden Kapitel noch näher beschäftigen (S. 69 ff.). Im vorliegenden Zusammenhang wollen wir sie einfach als zutreffend voraussetzen.

Zweitens aber müssen wir ganz offensichtlich davon ausgehen, daß das von uns für existent gehaltene göttliche Wesen nicht nur der Ursprung der Welt ist, sondern auch – als monotheistisch verstandener Gott – in moralischer Hinsicht vollkommen ist. Denn ein Weltschöpfer, der nicht in jeder, also auch in moralischer Hinsicht vollkommen ist, wäre ja nicht identisch mit dem zur Debatte stehenden Gott des Monotheismus (siehe oben S. 13). Können wir nun aber von einem Weltschöpfer behaupten, er sei moralisch vollkommen, ohne daß wir dabei eine gewisse Vorstellung von moralischer Vollkommenheit – und damit auch von begründeter Moral – bereits *voraussetzen*? Offenbar nicht.

Das aber bedeutet: Bereits unsere Annahme der *Existenz* Gottes ist unmöglich, ohne daß in diese Annahme notwendig ein moralisches Werturteil eingeht. Wenn das aber wahr ist, dann können wir nicht gleichzeitig all unsere moralischen Maßstäbe aus der Existenz Gottes bzw. aus seinen Geboten *ableiten*! Andernfalls würden wir uns ja im Kreis bewegen. Man kann nicht sinnvoll über jemanden sagen, er sei gut und er sei gleichzeitig der einzige Maßstab des Guten. Diese Aussage könnte lediglich bedeuten, der Betreffende befolge seine eigenen Maßstäbe und Normen. Mit der Behauptung der Güte Gottes aber meinen wir mit Sicherheit mehr als dies.

Der Einwand geht also nicht primär dahin, daß wir etwa schwer herausfinden können, ob das angenommene göttliche Wesen tatsächlich gut ist oder nicht. Er besagt vielmehr, daß unter der Voraussetzung, daß jede Moralbegründung notwendig auf Gott basiert, die Behauptung der *Güte* Gottes ihre Aussagekraft verliert. Man betrachte folgenden Vergleichsfall. Ein Fußballexperte sagt, Felix Magath sei das Muster eines guten Trainers; jeder junge Trainer, der ein guter Trainer werden wolle, solle sich an Felix Magath orientieren. Diese Aussage ist gewiß eine nachvollziehbare und vollkommen sinnvolle – ja vielleicht sogar richtige – Aussage. All dies kann aber offensichtlich nur unter *einer* Voraussetzung zutreffen, von der unser Fußballexperte als selbstverständlich ausgeht: der Voraussetzung nämlich, daß wir schon vor dieser Aussage eine Vorstellung davon haben, was einen guten Trainer ausmacht (etwa daß er aus mittelmäßigen Spielern eine Erfolgsmannschaft formt), und daß diese Vorstellung nicht einfach auf die Trainingsmethoden von Felix Magath rekurrieren kann. Deren positive Bewertung macht diese Vorstellung ja überhaupt erst möglich.

Die Hypothese der Existenz Gottes ist demnach gar nicht geeignet, die gewünschte allumfassende Moralbegründung zu leisten. Um den Grund hierfür noch mal zusammenfassend zu formulieren: Damit wir die Hypothese überhaupt aufstellen können, müssen wir unbedingt bereits einen gewissen Maßstab von Gut und Böse haben. Denn ohne diesen Maßstab wäre die Annahme, daß der existente göttliche Normgeber auch vollkommen gut ist, leer und sinnlos. Die Normen eines göttlichen Wesens jedoch, dessen moralische Qualität man einfach offenläßt, gleichwohl als Quelle begründeter

Moral anzuerkennen, wäre – anstatt eine gelungene Moralbegründung – nichts anderes als der Gipfel moralischer Unvernunft. Wir würden ja auch die Anordnungen eines irdischen Machthabers nicht ungeprüft als Richtschnur für unsere moralischen Urteile akzeptieren.

Nach alledem kann das moralische Argument für die Existenz Gottes in jener Version, wonach ohne die Annahme der Existenz Gottes überhaupt keine Moralbegründung möglich ist, nicht unsere Zustimmung finden. Damit ist freilich nicht gesagt, daß die Annahme der Existenz Gottes nicht für die Begründung einzelner Moralnormen von *Relevanz* sein könnte (näher S. 68).

2. Das moralische Verhalten

Selbst wenn der Gottesglaube für die Moral*begründung* weder notwendig noch hinreichend ist, so könnte er doch für das moralische *Verhalten* der Menschen notwendig oder zumindest förderlich sein. Es könnte nämlich der Fall sein, daß sich der religiöse Glaube monotheistischer Religionsgemeinschaften in entscheidender Hinsicht positiv auf das moralische Verhalten der Gläubigen in der Praxis auswirkt. Ist eine solche Annahme berechtigt?

Auch an dieser Stelle zeigt sich, daß man der Frage überhaupt nur dann sinnvoll nachgehen kann, wenn man dabei eine einigermaßen bestimmte Vorstellung von begründeter Moral voraussetzt. Denn man muß ja ein von der Religion selbst unabhängiges Kriterium des moralisch Guten haben, um daran dann die moralischen Auswirkungen der Religion zu messen. Wie könnte dieses Kriterium aussehen? Glücklicherweise kommen die in ihrem *Ansatz* teilweise sehr unterschiedlichen philosophisch-säkularen Begründungstheorien der Moral, was ihr *inhaltliches Resultat* betrifft, zu einem weitgehend übereinstimmenden Ergebnis.

Man kann dieses Ergebnis sehr pauschal etwa wie folgt charakterisieren: Zielpunkt einer aufgeklärten Moral sind die elementaren Bedürfnisse und die diesseitigen Interessen der Menschen. Diesem Ziel entsprechend werden jedem Individuum gewisse individuelle Rechte – wie das Recht auf Leben oder das Recht auf Selbstbestimmung – eingeräumt. Die zentrale Forderung der Moral lautet unter diesen Umständen, daß man in seinem gesamten Verhalten auf diese

Rechte seiner Mitmenschen Rücksicht nimmt. Eine Konsequenz dieser Forderung ist etwa die, daß man niemanden daran hindern darf, sich sein eigenes Weltbild zu formen und sein persönliches Leben diesem Weltbild entsprechend zu gestalten. Wir wollen eine derartige Moral, wie sie in der westlichen Welt inzwischen weithin anerkannt ist, im folgenden der Einfachheit halber als eine «humane Moral» bezeichnen: eine Moral, die vom Menschen für den Menschen geschaffen wurde.

Wir können nunmehr die Ausgangsfrage dieses Abschnitts wie folgt formulieren: Wirkt sich der religiöse Glaube der monotheistischen Religionsgemeinschaften des Judentums, des Christentums und des Islam tatsächlich positiv auf das Verhalten der Gläubigen im Sinn einer humanen Moral aus?

Man sollte sich von vornherein im klaren sein, daß diese Frage sich allenfalls in einem in mehrfacher Hinsicht sehr eingeschränkten Sinn beantworten läßt. 1. Mit einiger Sicherheit kann man die Frage nur in bezug auf die Vergangenheit, nicht aber in bezug auf die noch offene Zukunft beantworten. 2. Jede Antwort auf die Frage setzt voraus, daß man mit der Geschichte der betreffenden Religion vertraut ist. Schon aus diesem Grund werden sich meine folgenden Ausführungen zu der Frage im wesentlichen auf das Christentum beschränken. 3. Selbst wenn jemand eine umfassende Kenntnis sämtlicher relevanten historischen Fakten hätte, würde er kaum eine definitive Antwort auf die Frage geben können, die offenkundig eine Frage der *Abwägung* einander widerstreitender Belege ist. Denn das einzige, was man *mit Sicherheit* sagen kann, ist dies, daß die genannten Religionen bislang in der Realität *sowohl* eine Vielzahl von positiven *als auch* eine Vielzahl von negativen Auswirkungen auf die Moral der Gläubigen gehabt haben.

Natürlich ist es schon aus Platzgründen völlig ausgeschlossen, in diesem Buch etwa die Geschichte des Christentums in seinen moralischen Auswirkungen Revue passieren zu lassen. Ich werde deshalb an dieser Stelle lediglich anhand von Beispielen auf einige grundsätzliche Punkte hinweisen, die in der Debatte um die moralischen Auswirkungen monotheistischer Religion oft übersehen werden.

Daß das Christentum in seiner Geschichte auch negative Auswirkungen auf das moralische Verhalten der Gläubigen gehabt hat, wird auch von seinen Anhängern inzwischen nicht mehr geleugnet.

Man denke, um nur einige Beispiele zu nennen, an die jahrhundertelangen Praktiken der Ketzer- und Hexenverbrennung oder die Verfolgung von Juden und Homosexuellen. Diese Praktiken jedoch, so wird zur Verteidigung des moralischen Argumentes immer wieder gesagt, seien kirchenhistorische Verirrungen des christlichen Glaubens, die mit seinem eigentlichen, wahren Wesen nichts zu tun hätten, ja sogar im Widerspruch zu diesem stünden.

Diese Verteidigung ist jedoch in zweifacher Hinsicht nicht überzeugend. Zum einen ändern sich die *tatsächlichen Auswirkungen* der christlichen Religion, um die es uns hier geht, nicht dadurch, daß sie dem wahren Wesen dieser Religion nicht entsprechen. Zum anderen aber läßt sich, was nicht wenige negative Auswirkungen des Christentums angeht, durchaus behaupten, daß diese Auswirkungen dem *wahren Wesen* dieser Religion entsprechen. Dies gilt jedenfalls dann, wenn man als Kriterium dafür, was das wahre Wesen einer Religion ausmacht, vor allem auf jene überlieferten Lehren dieser Religion abstellt, die Inhalt ihrer heiligen Schriften sind.

Die heilige Schrift des Christentums aber ist bekanntlich die Bibel, die für den gläubigen Christen ohne Abstriche das «Wort Gottes» ist. So heißt es im *Katechismus der Katholischen Kirche* (Nr. 140): «Das Alte Testament bereitet das Neue vor, während dieses das Alte vollendet. Beide erhellen einander; beide sind wahres Wort Gottes.» Und in der *Dogmatischen Konstitution über die göttliche Offenbarung «Dei verbum»* durch das 2. Vatikanische Konzil (1965) heißt es, daß «die Bücher sowohl des Alten wie des Neuen Testamentes in ihrer Ganzheit mit allen ihren Teilen... auf Eingebung des Heiligen Geistes geschrieben..., Gott zum Urheber haben» (Denzinger, Nr. 4215). Es ist selbstverständlich, daß sich unter dieser Voraussetzung jegliche Selektion innerhalb der biblischen Texte nach irgendwelchen innerweltlichen Kriterien verbietet – wie Martin Luther treffend formuliert: «Vollkommen und ausnahmslos, ganz und alles geglaubt, oder nichts geglaubt. Der Heilige Geist läßt sich nicht trennen noch teilen, daß er ein Stück sollte wahrhaftig und das andere falsch lehren oder glauben lassen» (Luther, Bd. 54, S. 158). Daß aber im Bereich der Moral gewisse negative Auswirkungen des Christentums der Heiligen Schrift dieser Religion durchaus entsprechen, mögen die folgenden Beispiele belegen.

Die *Verbrennung* von «Ketzern» oder Andersgläubigen wird zwar in der Bibel noch nicht gefordert. Gleichwohl werden solche Menschen schon in der Bibel sehr deutlich moralisch abqualifiziert und als minderwertig hingestellt. Hier einige Beispiele: «Denn es gibt viele Ungehorsame, Schwätzer und Schwindler, besonders unter denen, die aus dem Judentum kommen. Diese Menschen muß man zum Schweigen bringen... Sie beteuern, Gott zu kennen, durch ihr Tun aber verleugnen sie ihn; es sind abscheuliche und unbelehrbare Menschen, die zu nichts Gutem taugen» (Titus 1,10–16). Und weiter: «Diese frechen und anmaßenden Menschen schrecken nicht davor zurück, die überirdischen Mächte zu lästern... Diese Menschen aber sind wie unvernünftige Tiere, die von Natur aus dazu geboren sind, gefangen zu werden und umzukommen. Sie lästern über Dinge, die sie nicht verstehen; doch sie werden umkommen, wie die Tiere umkommen» (2 Petrus 2,10–12). Eindeutig auch: «Wer den Herrn nicht liebt, sei verflucht!» (1 Korinther 16,22). Man vergleiche mit diesen Stellen das obige Zitat (S. 52) aus dem Buch *Katholischer Erwachsenen-Katechismus*.

Auf besonders niedrigem Niveau stehen nach der Bibel solche Menschen, die, nachdem sie gläubig waren, sich wieder vom Glauben abwenden: «Sie waren dem Schmutz der Welt entronnen, weil sie den Herrn und Retter Jesus Christus erkannt hatten; wenn sie sich aber von neuem davon fangen und überwältigen lassen, dann steht es mit ihnen am Ende schlimmer als vorher... Die gewaschene Sau wälzt sich wieder im Dreck» (2 Petrus 2,20–22). Dementsprechend werden zwei Glaubensbrüder, die inzwischen «im Glauben Schiffbruch erlitten», vom Apostel Paulus «dem Satan übergeben», damit sie «durch diese Strafe lernen, Gott nicht mehr zu lästern» (1 Timotheus 1,19–20). Auch Jesus selbst läßt es in einer Warnung an seine Jünger an Deutlichkeit nicht fehlen: «Wer nicht in mir bleibt, wird wie die Rebe weggeworfen, und er verdorrt. Man sammelt die Reben, wirft sie ins Feuer, und sie verbrennen» (Johannes 15,6).

Was «Hexen» angeht, so heißt es bereits in der Bibel unmißverständlich: «Eine Hexe sollst du nicht am Leben lassen» (Exodus 22,17). Und auch das biblische Verdikt über Homosexuelle entspricht nicht gerade den Toleranzgeboten einer humanen Moral: «Schläft einer mit einem Mann, wie man mit einer Frau schläft, dann haben sie eine Greueltat begangen; beide werden mit dem Tod bestraft; ihr Blut soll auf sie kommen» (Levitikus 20,13; ähnlich auch Levitikus 18,22).

In all diesen Fällen können sich die Verantwortlichen einer jahrhundertelangen kirchlichen Verfolgung diverser Minderheiten also sehr wohl auf die Heilige Schrift des Christentums berufen, was sie konsequenterweise auch stets getan haben. Aber auch in den religiösen Verlautbarungen der Päpste und anderer kirchlicher Führungspersönlichkeiten finden sich immer wieder Aufforderungen zur Verfolgung und Diskriminierung von Minderheiten und Andersgläubigen.

Als Beispiel mögen hier lediglich einige Sätze Luthers dienen, der ja nach Meinung seiner Anhänger den christlichen Glauben im positiven Sinn reformiert hat. Die Sätze stehen überwiegend in seiner Schrift *Von den Juden und ihren Lügen* – einer Schrift, in der er Forderungen an die Obrigkeit richtet, wie mit den Juden zu verfahren sei. Luther fordert unter anderem, daß man die Synagogen und Schulen der Juden «mit Feuer anstecke und, was nicht verbrennen will, mit Erde überhäufe und beschütte, daß kein Mensch einen Stein oder Schlacke davon sehe ewiglich»; weiter fordert er, daß man die Häuser der Juden «zerbreche und zerstöre». Die danach Obdachlosen aber möge man «unter ein Dach oder Stall tun, wie die Zigeuner, auf daß sie wissen, sie seien nicht Herren in unserem Lande». Da diese Menschen alles, was sie besitzen, «uns gestohlen und geraubt» haben, sollen sie in Zukunft «keinen Schutz noch Schirm, noch Geleit noch Gemeinschaft haben», damit «wir alle der unleidlichen, teuflischen Last der Juden ledig werden» (Luther, Bd. 53, S. 523 ff.). Für Luther sind die Juden, wie er an mehr als einer Stelle seines Werkes deutlich macht, nichts anderes als Handlanger des Teufels: «Denn der Teufel hat die Juden besessen und gefangen, daß sie müssen seines Willens sein» (Luther, Bd. 53, S. 601).

Sogar ein protestantischer Theologe glaubt angesichts dieser und ähnlicher Zitate feststellen zu müssen: Luthers Forderungen nach Umgang mit den Juden «decken sich weitgehend mit den Anweisungen zur Reichskristallnacht, die Joseph Goebbels im November 1938 ausgab» (siehe *Luther Lesebuch*, S. 112.). Es verwundert nicht, daß sich die Nationalsozialisten für ihre Aktionen gegen die Juden immer wieder auf den Reformator berufen haben; in Adolf Hitlers Buch *Mein Kampf* waren derart deutliche Forderungen nicht zu finden.

Daß Luther mit seinem Antisemitismus nicht nur, wie man weiß, an eine lange kirchliche Tradition anknüpft, sondern sich auch auf das Neue Testament berufen kann, mögen die folgenden Sätze zeigen, die Jesus an die Juden richtet: «Ihr habt den Teufel zum Vater, und ihr wollt das tun, wonach es euren Vater verlangt. Er war ein Mörder von Anfang an. Und er steht nicht in der Wahrheit ... denn er ist ein Lügner und ist der Vater der Lüge ... Wer aus Gott ist, hört die Worte Gottes; ihr hört sie deshalb nicht, weil ihr nicht aus Gott seid» (Johannes 8,44–47).

Aber nicht nur im Rahmen der christlichen Religion, auch in den autoritativen Schriften der anderen beiden monotheistischen Weltreligionen finden sich historisch wirksame Passagen, die von den Kernelementen einer humanen Moral weit entfernt sind. So enthält das für die jüdische Religion verbindliche Alte Testament nicht nur die Forderung nach einer strafenden Vergeltung der Art «Auge um Auge, Zahn um Zahn» (Levitikus 24,20). Diese Forderung wird sogar auf Menschen (und andere Lebewesen) ausgedehnt, die für die vorausgegangene Übeltat, die zu vergelten ist, gar keine Schuld trifft: «So spricht der Herr der Heere: Ich habe beobachtet, was Amalek Israel angetan hat: Es hat sich ihm in den Weg gestellt, als Israel aus Ägypten heraufzog. Darum zieh jetzt in den Kampf, und schlag Amalek! Weihe alles, was ihm gehört, dem Untergang! Schone es nicht, sondern töte Männer und Frauen, Kinder und Säuglinge, Rinder und Schafe, Kamele und Esel!» (1 Samuel 15,1–3). Und im Koran, dem heiligen Text des Islam, heißt es: «Sind aber die heiligen Monate verflossen, so erschlaget die Götzendiener, wo ihr sie findet, und packet sie und belagert sie und lauert ihnen in jedem Hinterhalt auf» (*Der Koran*, Sure 9/5, S. 181).

Um zu sehen, welcher Wertschätzung durch die Gläubigen sich diese Texte offenbar auch heute noch erfreuen, braucht man sich nur die seit Jahren permanenten Praktiken von Verstößen des Staates Israel gegen die Menschenrechte Unschuldiger sowie von Terroranschlägen seitens fanatischer Islamisten vor Augen zu führen.

Richtig ist, daß jedenfalls innerhalb der westlichen Gesellschaften, die heute weitgehend vom Gedankengut der Aufklärung geprägt sind, die inhumanen und intoleranten Auswirkungen christlichen Glaubens erheblich an Bedeutung verloren haben. Daß diese Entwicklung jedoch nicht notwendig unumkehrbar ist, hat die von den Vereinigten Staaten von Amerika unter ihrem Präsidenten George W. Bush verfolgte Außenpolitik sehr deutlich gemacht (aufschlußreich insoweit Singer, Kap. 5 und Kap. 10).

Auffällig ist auch, daß die christlichen Kirchen in diesen Gesellschaften, um ihre zahlreichen Privilegien zu wahren und nicht ins Abseits zu geraten, häufig ihre genuinen moralischen Ideale nicht mehr öffentlich vertreten, sondern stillschweigend preisgeben. So brüsten sich bei uns, um nur ein Beispiel zu nennen, inzwischen sogar «christliche» Politiker in Talkshows und ähnlichen Veranstaltungen ihrer «Lebensgefährtinnen», mit denen sie in ehebrecherischer Gemeinschaft leben, ohne daß ein Bischof daran denken würde, die «Unmoral» dieser Lebensweise zu rügen. Man bedenke: «Christus verurteilt schon den Ehebruch im Geiste. Das sechste Gebot und das Neue Testament verbieten den Ehebruch absolut. Die Propheten prangern ihn als schweres Vergehen an. Sie betrachten den Ehebruch als Abbild des sündigen Götzendienstes» (*Katechismus der Katholischen Kirche*, Nr. 2380 unter Hinweis auf zahlreiche Bibelstellen). Auch in diesem Punkt nahm der Reformator die Heilige Schrift noch sehr ernst: «Es ist der Obrigkeit Schuld, warum erwürgt man die Ehebrecher nicht?» (Luther, Bd. 10, Zweite Abteilung, S. 289). Übrigens: Ehebruch war in der Bundesrepublik Deutschland bis 1969, in der Schweiz bis 1989 und in Österreich bis 1996 eine strafbare Handlung.

Wie schon gesagt: Mit Sicherheit hat das Christentum in seiner Geschichte neben negativen auch positive Auswirkungen auf eine humane Moral gehabt. Man denke an die karitativen Einrichtungen, die Christen im Vertrauen auf Matthäus 5,7 («Selig die Barmherzigen; denn sie werden Erbarmen finden») gegründet oder unterstützt haben. Es wäre wohl vermessen, im Sinn einer Gesamtbilanz als selbstverständlich zu behaupten, die negativen Auswirkungen wögen schwerer. Diese Warnung geht jedoch in beide Richtungen. Man sollte gewiß auch nicht als selbstverständlich behaupten, die positiven Auswirkungen wögen schwerer. Auf diese Behauptung aber ist der Anhänger des moralischen Argumentes für die Existenz Gottes (in seiner zweiten Version) angewiesen. Wenn der Gottesglaube nicht mit einer gewissen Wahrscheinlichkeit für das moralische Verhalten notwendig oder zumindest überwiegend förderlich ist, dann fehlt dem Argument bereits die überzeugende Prämisse. Es muß also schon deshalb scheitern.

Hinzu kommt der folgende grundsätzliche Punkt, den ich bislang noch gar nicht angesprochen habe. Angenommen, die genannte Prämisse wäre überzeugend. Was würde in Wahrheit daraus folgen? Es würde mit Sicherheit *nicht* folgen, daß Gott existiert oder daß der Glaube an Gott in irgendeiner Weise theoretisch gerechtfertigt ist. Es würde lediglich folgen, daß es aus praktischen Folgenerwägungen begrüßenswert erscheint, daß die Menschen an Gott glauben. Das aber wirft die Frage auf: Kann man überhaupt nur deshalb an die Existenz eines – die Menschen belohnenden bzw. strafenden – Gottes glauben, um so ein moralischeres Leben zu führen?

Dies erscheint wenig plausibel. Menschen jedenfalls, die im allgemeinen rational eingestellt sind, dürfte dies schwerfallen. Wenn es mir ein wirkliches Anliegen ist, mich anständig zu verhalten, dann werde ich dieses Anliegen kaum dadurch fördern können, daß ich mir irgendwelche Sanktionen – seien sie weltlicher oder göttlicher Art – als real einbilde, von deren Realität ich nicht zuvor schon überzeugt war. Daß viele Menschen tatsächlich an Gott und seine Gebote glauben, ist kein Beweis für eine solche Möglichkeit. Denn diese Menschen sind in aller Regel erkenntnismäßig, also theoretisch, davon überzeugt, daß Gott existiert (was nicht bedeutet, daß diese Überzeugung notwendig durch Argumente vermittelt ist). Realistisch betrachtet, ist es kaum wahrscheinlich, daß jemand, nur um seine Moral zu stärken, den Entschluß faßt, an Gott zu glauben, und daß ihm außerdem, selbst wenn er den Entschluß faßt, der Glaube an Gott tatsächlich auf diesem Weg gelingen wird.

Etwas ganz anderes ist es jedoch, aus praktischen Gründen *andere* Menschen zum Zweck der Optimierung *ihres* moralischen Verhaltens zum Gottesglauben zu bewegen. Dies erscheint im Prinzip möglich und auch aussichtsreich – und zwar völlig im Einklang mit dem eben Ausgeführten. Es muß einem lediglich gelingen, diese Menschen irgendwie dazu zu bringen, daß *sie* von der Existenz Gottes *theoretisch* überzeugt sind. Wenn sich mit dieser Überzeugung dann noch gewisse Annahmen über jenseitige Belohnungen und Strafen Gottes verbinden, ist es gewiß nicht auszuschließen, daß dieser monotheistische Glaube auch das moralische Verhalten beeinflußt. Ob dieser Einfluß sich freilich überwiegend in Richtung einer *humanen* Moral auswirkt, bleibt fraglich, wobei dies natürlich von den jeweiligen Inhalten der religiös vermittelten Moral abhängt.

Wenn jemand wie Voltaire schreibt: «Würde Gott nicht existieren, so müßte man ihn erfinden» (Voltaire, S. 90), so hat er die Erwartung, daß durchaus auch eine humane Moral, die in ihren *Inhalten* von jeder Religion unabhängig ist, trotzdem aus psychologischen Gründen auf den Glauben an einen Gott und seine jenseitigen Sanktionen angewiesen ist. Diese Annahme erscheint äußerst zweifelhaft. Wie ich an anderer Stelle ausführlich gezeigt habe, gibt es mehr als *eine* Erwägung rein innerweltlicher Natur, die für den einzelnen in hohem Maße dafür spricht, sich jene Moralnormen, von deren sozialer Geltung er wie alle anderen profitiert, auch seinerseits zu eigen zu machen und regelmäßig zu befolgen (siehe Hoerster I, Kap. 9). Einiges für sich hat gewiß die bescheidenere Annahme, daß der Gottesglaube bei manchen Menschen so etwas wie eine zusätzliche Stärkung ihres moralischen Verhaltens bewirkt.

Es ist sicher eine interessante Frage, ob jemand, der selber nicht an Gott glaubt, gleichwohl gut daran tut, allein aus dem genannten Grund den Gottesglauben nach Kräften seiner Umwelt (etwa seinen Kindern) zu vermitteln. Offensichtlich ist dies jedoch keine Frage der *Vernünftigkeit* des Gottesglaubens; denn der Betreffende selber wird ja, wie wir sahen, kaum aus diesem Grund an Gott glauben können. Insofern ist die Frage auch nicht Gegenstand dieses Buches.

Die Frage ist ihrerseits eine *moralische* Frage: Ist es gerechtfertigt oder gar geboten, anderen Menschen zur Stärkung ihres moralischen Verhaltens für sachlich falsch oder jedenfalls für unbegründet gehaltene Vorstellungen über die Wirklichkeit zu vermitteln, sie also zu belügen? Wer sich mit dieser Frage auf rationale Weise beschäftigen möchte, wird nicht umhin kommen, auch ihre folgenden Aspekte in seine Überlegungen einzubeziehen: 1. Wie groß ist die Gefahr, daß mit dem Gottesglauben unvermeidlich auch solche inhaltlichen Moralnormen rezipiert werden, die mit einer humanen Moral *nicht* in Einklang stehen? 2. Welche *weiteren* Auswirkungen hat der Glaube an Gottes jenseitige Sanktionen auf die menschliche Psyche, und wie sind diese weiteren Auswirkungen zu bewerten? (Vgl. hierzu auch S. 84 f.)

Während ich dieses Kapitel abschließe, fällt mir ein aktueller Aufsatz zur Problematik der öffentlichen Präsenz des christlichen Kreuzessymbols in die Hände. Zur Verteidigung einer solchen Präsenz heißt es dort, unser staatliches «System verläßlicher Grundwerte», das «auch Minderheiten schützt», stamme «aus christlicher Tradition»; das «Zeichen des Kreuzes» sei somit «Ankerpunkt für ein gelassenes, ja fröhliches Leben» (so der Philosophieprofessor Albert Keller SJ im *Bayernkurier* vom 8.4.2004, S. 2). Eine solche These gewinnt auch dadurch nicht an Überzeugungskraft, daß sie in unserer Gesellschaft seit Jahren bei jeder sich bietenden Gelegenheit wiederholt wird. (Vgl. die obigen Zitate, S. 51 f.)

VI. Gibt der Gottesglaube unserem Leben Sinn?

Nicht wenige Theisten, ja sogar manche Theologen geben bei näherer Betrachtung zu, daß sich Moralnormen prinzipiell auch ohne Bezugnahme auf Gott begründen lassen und daß die Menschen prinzipiell auch ohne Gottesglauben eine ausreichende Motivation zu moralischem Verhalten haben können. Trotzdem sind dieselben Theisten gewöhnlich der Überzeugung, daß wir aus verschiedenen praxisbezogenen Gründen jedenfalls gut daran tun und dementsprechend besser dastehen, wenn wir an Gott glauben. Dabei argumentieren einige Theisten ausdrücklich, daß bereits diese praxisbezogenen Gründe es für uns rational machen, die Existenz Gottes, gleichgültig, ob sie theoretisch hinreichend begründet ist oder nicht, jedenfalls zu *postulieren*.

Man kann darüber streiten, ob es überhaupt als rational gelten kann, aus rein praxisbezogenen Gründen in Form von Postulaten irgendwelche Annahmen über die Wirklichkeit zu machen. Ich möchte der Frage in dieser allgemeinen Form nicht nachgehen. Vielleicht ist eine bejahende Antwort auf sie immerhin dann vertretbar, wenn die betreffende Annahme über die Wirklichkeit in theoretischer Betrachtung völlig offen ist, das heißt, wenn sich weder für noch gegen diese Annahme theoretisch hinreichende Gründe ins Feld führen lassen. In genau diesem Sinn wird heutzutage nicht selten etwa behauptet: «Man kann die Existenz Gottes zwar nicht beweisen; man kann sie aber ebensowenig widerlegen. Unter diesen Umständen empfiehlt es sich einfach deshalb, an Gott zu glauben, weil dieser Glaube unserem Leben Sinn gibt.» Wir wollen dieses Argument als das «Sinnargument» für die Existenz Gottes bezeichnen.

Ob die Existenz Gottes, theoretisch betrachtet, tatsächlich ebenso wahrscheinlich oder plausibel wie seine Nichtexistenz ist, mag jeder Leser auf der Grundlage unserer Überlegungen in den Kapiteln II bis IV für sich entscheiden. Wir wollen im vorliegenden Kapitel die Behauptung über das theoretische Patt in der Gottesfrage – ebenso wie die prinzipielle Zulässigkeit einer praxisbezogenen Argumentation für die Existenz Gottes – einfach voraussetzen. Über die eigentlich interessante und letztlich ausschlaggebende Frage, was das Sinnargument für die Existenz Gottes angeht, ist damit nämlich noch nichts entschieden. Diese Frage lautet: Haben wir hinreichende Gründe für die Annahme, daß das Postulat der Existenz Gottes auch tatsächlich die behauptete Funktion erfüllt und unserem Leben den gewünschten Sinn gibt? Mit anderen Worten: Worin liegt denn eigentlich unser Lebenssinn unter der Voraussetzung der Existenz Gottes, und auf welche Weise können wir diesen Lebenssinn durch das Postulat der Existenz Gottes in Erfahrung bringen?

Sowohl in bezug auf unser diesseitiges Lebens als auch in bezug auf seine mögliche Fortsetzung in einem Jenseits haben Theisten das Sinnargument für die Existenz Gottes in verschiedenen Varianten vorgetragen.

1. Die Lebensbewältigung im Diesseits

Den Gedanken, daß der Gottesglaube für den Menschen schon unter diesseitigem Aspekt eine entscheidende Funktion für die Sinngebung seines Lebens hat, drückt der ehemalige Theologieprofessor und heutige Vorsitzende der Deutschen Bischofskonferenz, Kardinal Karl Lehmann, in seiner Antwort auf die Frage «Wozu braucht man Gott heute noch?» so aus: «Es wird heute immer deutlicher, daß wir Verläßlichkeit brauchen. Wo finden wir diese – nur in Gott. Auf wen kann ich zurückgreifen, wenn ich plötzlich vor einer ganz schwierigen Entscheidung stehe, wer gibt mir Halt, wer ist verläßlich?» Lehmann meint, es seien diese «Fragen nach dem Leben, nach dem Ende, nach der Gefahr der Manipulation durch die heutigen Möglichkeiten der Naturwissenschaften», die den Menschen eigentlich bewußt machen müßten, «daß wir Geschöpfe sind und daß es einen Schöpfer gibt, den wir nicht einfach beiseite schieben können» (*Bild* vom 31.5.2000, S.2). Mit anderen Worten: Wir benötigen Gott, damit wir ein Fundament besitzen, das uns in den existentiellen Lebensfragen sowie in Krisen und Schwierigkeiten Halt und Sicherheit gibt.

Lehmann denkt in diesem Zusammenhang, wie sein Beispiel der Genmanipulation zeigt, mit Sicherheit *auch* an die Lebensbewältigung in moralischen Fragen. Und diese Einbeziehung von moralischen Fragen in die vorliegende Argumentation für Gott muß nicht unbedingt im Widerspruch zu meinen Ausführungen im vorangehenden Kapitel stehen. Denn der Theist kann meiner These, daß wir Gott für die eigentliche Begründung einer humanen Moral nicht brauchen, durchaus zustimmen, gleichwohl aber der Meinung sein, daß der Mensch in schwierigen und heiklen Fragen der *Anwendung* der auf andere Weise begründeten Moralprinzipien auf die Weisungen und Ratschläge eines allwissenden und allgütigen Gottes angewiesen ist. Dies könnte insbesondere dort zutreffen, wo unser Handeln langfristige Konsequenzen hat, die wir selber wegen unseres beschränkten Wissens nicht abzusehen vermögen: «Gott weiß besser, was für dich gut ist, als du allein» (Lehmann I, S. 77). Gott könnte insoweit die Rolle eines Experten spielen, der – etwa einem Arzt auf dem Gebiet der Gesundheit vergleichbar – uns sagt, auf welche Weise wir unser Leben in moralischer und sonstiger Hinsicht am besten und gelungensten gestalten.

Aus ähnlichen Gründen wie Lehmann hält auch Horst Köhler, der deutsche Bundespräsident, den Gottesglauben für ein notwendiges Fundament unseres Lebens. In einem Interview erklärt er: «Gott ist für mich sehr wichtig. Es ist gut, wenn Menschen einen Anker haben, der tiefer reicht ... als Wirtschaft oder die Frage nach dem neuen Auto» (*Bild* vom 11. 3. 2004, S. 2). Es scheint dem Politiker dabei allerdings nicht bewußt zu sein, daß manche Menschen sogar unabhängig von Gott Erfahrungen machen oder Tätigkeiten ausüben, die für sie tiefer reichen als «Wirtschaft oder die Frage nach dem neuen Auto».

Richtig ist ohne Zweifel: Die Menschen haben ein rationales Interesse an möglichst verläßlichen Verhaltensnormen, und zwar sowohl im Bereich der persönlichen Lebensgestaltung als auch im Bereich des menschlichen Zusammenlebens. Wer würde nicht gern ein sicheres Rezept dafür besitzen, wie sich das Ziel eines möglichst erfüllten und glücklichen Lebens für ihn selbst sowie für möglichst viele andere Menschen auf dieser Erde erreichen läßt? Die entscheidende Frage in diesem Zusammenhang lautet, ob das Postulat der Existenz Gottes dem Menschen tatsächlich eine größere Sicherheit in Fragen der persönlichen, sozialen und politischen Lebensgestaltung gibt.

Allzu häufig setzen Theisten eine positive Antwort auf diese Frage einfach als selbstverständlich voraus; sie ist in Wahrheit aber durchaus nicht selbstverständlich. Die folgende Analogie mag dies verdeutlichen: Angenommen, wir postulieren, daß das Schicksal der Menschen weitgehend von den Sternzeichen abhängt, unter denen sie geboren werden. Damit allein ist offensichtlich für unsere praktische Lebensgestaltung noch überhaupt nichts gewonnen. Entscheidend ist vielmehr, daß wir außerdem herausbekommen, welche *inhaltlichen* astrologischen Befunde uns im einzelnen das genannte Postulat beschert. Vereinfacht ausgedrückt: Wo finden wir unser richtiges Horoskop?

Wo also finden wir in unserer Wirklichkeit – unter der Voraussetzung der Existenz Gottes – die entscheidenden Hinweise auf die *inhaltlichen* Elemente unseres von Gott abhängigen Lebenssinns? Wir müssen, nachdem wir die Existenz Gottes postuliert haben, ganz offenbar dazu in der Lage sein, gewisse Verhaltensnormen, mit denen wir in irgendeiner Weise konfrontiert werden, als die Weisungen oder Ratschläge dieses Gottes zu identifizieren. Auch für den Fall, daß es hinreichende *theoretische* Argumente für die Existenz Gottes gibt, können wir aus der Existenz Gottes allein ja noch keine Verhaltensnormen ableiten, sondern benötigen zusätzliche Hinweise, 1. daß es überhaupt göttliche Weisungen an uns gibt und 2. wie wir den Inhalt dieser göttlichen Weisungen ermitteln können. Daß wir aber die Existenz Gottes bloß *postulieren,* kann unsere Situation in dieser Hinsicht sicher nicht erleichtern.

Es wäre nun wohl denkbar, daß wir irgendwo in der Wirklichkeit Verhaltensnormen vorfinden, die ganz offensichtlich nicht *menschlichen* Ursprungs sind. So könnte man sich beispielsweise vorstellen, daß die sogenannten Zehn Gebote (nebst näheren Erläuterungen) überall auf dieser Erde in der jeweiligen Landessprache in riesigen Buchstaben zeitweise am Himmel sichtbar sind – ohne daß sich für dieses Phänomen irgendeine natürliche Erklärung finden ließe. Da diese Gebote in ihren zentralen Forderungen ja mit den Forderungen einer humanen Moral konform gehen, wäre es unter den genannten Umständen gewiß nicht abwegig, in ihnen tatsächlich göttliche Weisungen für unsere praktische Lebensführung zu erblicken.

In Wirklichkeit sind uns jedoch irgendwelche Verhaltensnormen, die unmittelbar auf einen göttlichen Normgeber hinweisen, nirgendwo erkennbar. *Sämtliche* uns bekannten Verhaltensnormen sind vielmehr, so wie wir sie in der Realität erfahren, eindeutig menschlichen Ursprungs: das Resultat menschlicher Denk- bzw. Willensakte. Es ist somit ohne weiteres gar nicht nachvollziehbar, inwiefern das Postulat der Existenz Gottes unser zugestandenes Bedürfnis nach normativem Halt überhaupt erfüllen kann. Der Theist kann unter diesen Umständen, so scheint es, nur auf die folgende Weise versuchen, der Sackgasse, in der er sich befindet, zu entkommen: Er muß annehmen, daß der Mensch gleichsam durch eine innere Stimme – nämlich durch sein «Gewissen» – von Gott über dessen Weisungen informiert wird.

In dieser Annahme liegt nun allerdings ein zusätzliches Postulat, dessen Berechtigung erneut fraglich ist. Ist dieses zusätzliche Postulat, so muß man fragen, aber wenigstens geeignet, uns die erstrebte Sicherheit und Verläßlichkeit in unserer Lebensführung zu geben? Ein rationaler Mensch wird eine positive Antwort auf diese Frage davon abhängig machen, daß *zumindest* die folgenden drei Bedingungen erfüllt sind.

1. Die Verhaltensnormen derjenigen Menschen, die ihr «Gewissen» als Stimme Gottes verstehen, dürfen einander nicht widersprechen. Denn Gott als Inbegriff der Vollkommenheit kann den Menschen offensichtlich keine Weisungen erteilen, die widersprüchlicher Natur sind. 2. Die als göttliche Weisungen verstandenen Verhaltensnormen müssen sich bislang, was die mit ihnen verbundenen Voraussagen tatsächlicher Art angeht, in der Realität bewährt haben. Denn der allwissende Gott kann ja seinen Weisungen keine Zukunftsprognosen zugrunde legen, die sich anschließend als falsch erweisen. 3. Diese Verhaltensnormen müssen jedenfalls im Einklang mit einer humanen Moral stehen. Denn Gott als allgütiges Wesen kann, wie unsere Überlegungen in Kapitel V gezeigt haben, keine Weisungen erteilen, die den Prinzipien einer begründeten, also humanen Moral widersprechen.

Es bedarf kaum ausführlicher Erörterungen, um zu erkennen, daß sämtliche dieser drei Voraussetzungen mit Sicherheit nicht erfüllt sind.

Zu 1: Nicht nur etwa der gläubige Moslem erhält von Gott in mehr als einer Hinsicht sehr andersartige Lebensdirektiven als der gläubige Christ. Auch innerhalb des Christentums sind die diesbezüglichen Unterschiede – etwa zwischen einem Mitglied der katholischen Organisation *Opus Dei,* an das die göttliche Weisung zu täglicher Selbstgeißelung ergeht, und einem liberalen Protestanten – beträchtlich. (Daß übrigens das *Opus Dei,* von einem konsequent katholischen Standpunkt aus betrachtet, nicht jene Ablehnung verdient, die es seit Jahren unter den katholischen Meinungsführern in Deutschland findet, macht die Tatsache deutlich, daß sein Gründer und ehemaliger Leiter, der spanische Jurist und Theologe Josemaria Escrivá de Balaguer y Albás, im Oktober 2002 vom Papst heiliggesprochen wurde.)

Zu 2: Bekanntlich gingen die Urchristen in ihren als göttliche Weisungen akzeptierten Verhaltensregeln von der Hintergrundannahme aus, daß das Weltende mit der Wiederkunft Christi noch zu ihren Lebzeiten eintreten werde (siehe etwa Markus 9,1 und 13,28–30). Diese in ihren Konsequenzen weitreichende Annahme hat sich jedoch als falsch erwiesen.

Zu 3: Nicht nur in der Heiligen Schrift des Christentums sowie in vergangenen Verhaltensweisen christlicher Kirchen und Führungspersönlichkeiten finden göttliche Direktiven ihren Niederschlag, die sicher nicht im Einklang mit einer humanen Moral stehen. Auch die Methoden etwa, mit denen der amerikanische Präsident George W. Bush «im Auftrag Gottes» das Böse in der Welt zu bekämpfen suchte, können diesem Anspruch kaum genügen. (Zu diesen Feststellungen siehe näher S. 58 ff.)

Vermutlich würde jemand wie Kardinal Lehmann an diesem Punkt der Argumentation behaupten, ganz *bestimmte* Menschen (wie die Verfasser der «Heiligen Schrift») oder Institutionen (wie der Papst als Oberhaupt der Kirche) seien von Gott in bevorzugter Weise über seine Weisungen für das Menschengeschlecht informiert sowie beauftragt, diese Weisungen in seinem Namen der Menschheit zu übermitteln. Die Kirche mit ihren Oberen sei nämlich «so etwas wie Platzhalterin und Zeichengeberin Gottes in der Geschichte» (Lehmann II, S. 172). Nur diese Menschen bzw. Institutionen seien daher die verläßlichen «Sprachrohre» Gottes, auf die es ankomme. Auf einfache Gläubige dagegen – wie den sogenannten Yorkshire Ripper, der in England vor ca. zwei Jahrzehnten nach eigener Aussage im Auftrag Gottes mindestens 13 Frauen (Prostituierte!) ermordete – sei kein Verlaß.

Doch auch ein solcher Schachzug ist offensichtlich nutzlos. Denn die oben gemachten kritischen Ausführungen zu den drei unverzichtbaren Voraussetzungen einer Verläßlichkeit der göttlichen Weisungen betreffen, wenn man genau hinschaut, ja *insbesondere* jene Autoritäten, auf die es nach dieser Version des Argumentes ankommt.

In welchem Ausmaß sich zudem die Inhalte der von kirchlichen Autoritäten im Namen Gottes den Gläubigen verkündeten Lebensdirektiven im Zeitraum eines einzigen Lebens inhaltlich wandeln können, mag das folgende, für die menschliche Lebensgestaltung nicht ganz unwesentliche Beispiel zeigen.

Vor noch weniger als einem halben Jahrhundert sah die in Deutschland offiziell gelehrte *katholische Sexualmoral*, in der ich selbst wie Millionen anderer Katholiken und Katholikinnen erzogen wurde, auszugsweise so aus: «Jede direkt gewollte geschlechtliche Lust ist außerhalb der Ehe immer eine schwere Sünde. Dies gilt auch, wenn die Lust noch so unbedeutend und kurz ist... Wegen ihres verschiedenen Einflusses auf die Erregung der geschlechtlichen Lust werden die Körperteile eingeteilt in ehrbare (Gesicht, Hände, Füße), sog. weniger ehrbare (Brust, Rücken, Arme, Schenkel), sog. unehrbare (Geschlechtsteile und Partien, die ihnen sehr nahe sind).» Diese Dreiteilung des menschlichen Körpers ermöglicht der Lehre, was das Anschauen und das Berühren der beiden zuletzt genannten Körperteile angeht, so eindeutige und differenzierte Urteile wie diese: «Berührungen weniger ehrbarer Teile sind... gewöhnlich Todsünden, wenn Personen des andern Geschlechts in Betracht kommen... Bei Personen des anderen Geschlechts unehrbare Teile anschauen, ist Todsünde, ausgenommen wenn es fast unversehens und flüchtig oder kurz und von weitem geschieht... Weniger ehrbare Teile solcher Personen anschauen ist an sich keine Todsünde, außer wenn es längere Zeit geschieht.» Eine unter dem Gesichtspunkt der «Erregung der geschlechtlichen Lust» wohlbegründete Ausnahme ist vorgesehen im Bereich der ehrbaren Teile: Obschon der Mund einschließlich seines Inhalts im Prinzip dem (ehrbaren) Gesicht zuzuordnen ist, sind «Zungenküsse gewöhnlich eine Todsünde». Wie strikt diese Sexuallehre dem für eine humane Moral unverzichtbaren Verschuldensprinzip Rechnung trägt, zeigt das folgende Beispiel: «*Nächtliche Pollution*, die weder direkt noch indirekt gewollt ist, ist keine Sünde. Dies gilt auch, wenn jemand im Traume daran Wohlgefallen hat.» Anders sieht die Sache natürlich dann aus, wenn der Betreffende sich mit Wohlgefallen an den Traum erinnert.

Für Leser, die mit den Grundbegriffen christlichen Glaubens nicht vertraut sind: Eine «schwere Sünde» oder «Todsünde» ist – jedenfalls nach katholischer Lehre – eine Übertretung göttlicher Gebote, die so gravierend ist, daß sie, sofern sie «nicht durch Reue und göttliche Vergebung wieder gutgemacht wird,... den Ausschluß aus dem Reiche Christi und den ewigen Tod in der Hölle» zur Folge hat (*Katechismus der Katholischen Kirche*, Nr. 1861).

Die obigen Zitate zur Sexualmoral bilden einen kleinen Ausschnitt aus den 18 Seiten zu dieser Thematik in dem mit kirchlichem Imprimatur versehenen, vorbildlich klar geschriebenen Buch des katholischen Moraltheologen Heribert Jone (siehe Jone, Nr. 223, Nr. 234–237, Nr. 229). Das Buch ist in mindestens acht Sprachen (einschließlich des Arabischen) in jeweils hohen Auflagen erschienen (Jone, S. 4) und vermutlich das weltweit am weitesten verbreitete Handbuch der katholischen Moraltheologie in den ersten zwei Dritteln des 20. Jahrhunderts.

Vergleichbar gründliche Abhandlungen zu der Thematik scheint es in den letzten Jahrzehnten – jedenfalls in deutscher Sprache – nicht zu geben. Wenn man insoweit jedoch Moraltheologen und Seelsorger gesprächsweise um Rat angeht, so kann man sich des Eindrucks nicht erwehren, daß die Sexualmoral der katholischen Kirche – zumindest wie sie in *Deutschland* sowohl von den Fachleuten vertreten als auch von vielen Gläubigen praktiziert wird – inzwischen zu weitgehend andersartigen (freilich viel weniger eindeutigen) Urteilen als den in einer jahrhundertelangen Tradition stehenden Urteilen Jones gelangt ist. Ich frage mich bzw. Lehmann: Welche der beiden Sexualmoralen entspricht nun eigentlich den Weisungen jenes Gottes, an dessen Existenz ich – unter anderem auch, um Konstanz in mein Sexualleben zu bringen – glauben soll?

Muß der genannte Wandel nicht bei jedem Ratsuchenden, der diesen Wandel sozusagen am eigenen Leib erfahren hat, den Eindruck einer vollkommenen *inhaltlichen Beliebigkeit* der göttlich inspirierten Weisungen zurücklassen? Ich kann nicht nachvollziehen, wie (der mit mir etwa gleichaltrige) Lehmann, dem dieser Wandel jedenfalls in seiner Eigenschaft als Kardinal bzw. Bischof sicher nicht entgangen ist, der Überzeugung sein kann, daß die Annahme der Existenz Gottes unter solchen Umständen in ihren praktischen Auswirkungen geeignet ist, meiner Lebensführung langfristig Halt und Sicherheit zu geben.

Wenn es richtig ist, daß der religiöse Glaube das *Bekenntnis* braucht «wie der Vogel die Luft und der Fisch das Wasser» (so Lehmann II, S. 166), wo finden wir dann Lehmanns diesbezügliches Bekenntnis, von dem wir jene von ihm beschworene «Verläßlichkeit» erwarten dürfen, die der Mensch in seiner Lebenspraxis so gut brauchen kann? In den 75 Kurz-Artikeln seines Buches *Mut zum Umdenken* jedenfalls wird das Thema «Sexualmoral» nicht angesprochen, obschon ansonsten kaum ein Thema aus Politik und Gesellschaft – bis hin zu theologisch so brisanten Fragen wie «Was der Euro von uns verlangt» (S. 58 ff.) – unbehandelt bleibt. Man könnte angesichts dessen zu dem Schluß neigen: «Da die Kirche nicht erreicht hat, daß die Menschen tun, was sie lehrt, lehrt die Kirche heute das, was sie tun» (so der katholische Philosoph Nicolás Gómez Dávila laut *Frankfurter Allgemeine* vom 15. 5. 2004, S. 44). Doch dieser Schluß geht in bezug auf Lehmann sicherlich zu weit. Man sollte den zitierten Satz vielmehr beenden: «billigt die Kirche heute stillschweigend das, was sie tun». So kann – ohne offenes Bekenntnis zu wechselnden Lehren – die Anpassung an den jeweiligen gesellschaftlichen Trend kontinuierlich und wie von selbst erfolgen.

Alles in allem kann man nur zu dem Ergebnis kommen, daß sich in keiner Weise zeigen läßt, wieso mit der Annahme der Existenz Gottes für die Bewältigung unserer praktischen Lebensfragen, rational betrachtet, *irgend etwas* gewonnen ist.

Eine Variante der Position Lehmanns findet sich in der von Theisten häufig benutzten Formel, nur unter der Voraussetzung, daß es einen Gott gibt, habe unser Leben einen *Sinn*. Ohne Gott, so lautet die These, sind die Menschen dem Nihilismus ausgeliefert. Hans Küng beschreibt solche Menschen wie folgt: «Menschen ohne Gott, deren Beziehungen untereinander bis in den privaten Bereich hinein verdinglicht sind, von Funktions- und Gebrauchswert bestimmt, von Machtinteressen geleitet: der Schwache überall das Opfer des Stärkeren, Überlegeneren, Skrupelloseren. Der Sinnhorizont in der Tat weggewischt, keine obersten Werte mehr, keine verbindlichen Normen, keine zuverlässigen Leitbilder, keine absolute Wahrheit. Bestimmt hier faktisch nicht ein Nihilismus der Werte das menschliche Verhalten?» Zur Überwindung dieser schlimmen Situation empfiehlt Küng eine Praxis «*des wagenden Vertrauens zu Gottes Wirklichkeit*», deren Vernünftigkeit gegründet sei «*in einer letzten Identität, Sinn- und Werthaftigkeit der Wirklichkeit, in ihrem Ur-*

grund, Ursinn, Urwert» (Küng II, S. 454 f. bzw. S. 630; vgl. im ähnlichen Sinn auch das obige Küng-Zitat auf S. 52).

Woher Küng die Erkenntnis nimmt, daß die Beziehungen zwischen Atheisten sich dadurch auszeichnen, daß sie «bis in den privaten Bereich hinein verdinglicht sind», bleibt unklar. Ich glaube eher, daß es derartige Beziehungen *sowohl* zwischen Theisten wie zwischen Atheisten gibt. Und was Erscheinungen wie «Machtinteressen» und «Skrupellosigkeit» angeht, so dürften auch sie sich durchaus in beiden weltanschaulichen Lagern finden. Schließlich waren zum Beispiel alle führenden Nationalsozialisten Theisten und gehörten einer der beiden christlichen Großkirchen an. Und die deutsche Bevölkerung, die die Nationalsozialisten an die Macht brachte, war in weit größerem Ausmaß christlich geprägt, als sie dies in unserer heutigen, stabilen Demokratie ist.

Wenn man von dem gewaltigen rhetorischen Aufwand Küngs absieht, ist seine Position des Postulats Gottes aus Gründen der Lebenspraxis wesentlich identisch mit der Position Lehmanns. Was hinzukommt, ist die explizite Rede vom fehlenden «Sinnhorizont» des Menschen und der Rettung aus dieser Situation durch sein Vertrauen zu Gott als dem «Ursinn» oder letzten Sinngeber der Wirklichkeit. Diese sehr verbreitete Redeweise vom «Sinn» des Lebens bzw. von Gott als demjenigen, in dem wir diesen «Sinn» des Lebens finden können, verdient weitere Überlegungen.

Wieso kann unser Leben so etwas wie einen Sinn haben? Was bedeutet es überhaupt zu sagen, X habe einen bestimmten Sinn? Zum einen kann es, bezogen auf benutzte Zeichen oder Ausdrücke, bedeuten, daß X eine bestimmte *Bedeutung* hat. So hat etwa der Ausspruch «Grüß Gott» in Bayern den Sinn oder die Bedeutung «Guten Tag». In diesem *sprachlichen* Sinn kann die Redeweise vom «Sinn des Lebens» aber offenbar nicht gemeint sein. Wir wollen ja, wenn wir nach dem Sinn des Lebens fragen, nicht wissen, was das Wort «Leben» bedeutet.

Und es gibt in der Tat noch eine ganz andere Bedeutung der Aussage, X habe einen bestimmten Sinn. Und zwar liegt diese Bedeutung in dem *Zweck,* dem X dient bzw. den jemand mit X verfolgt. So verstanden, hat etwa eine Straße den Sinn, den Verkehr zwischen Menschen zu erleichtern, und eine bestimmte Operation den Sinn, das Leben des Patienten zu retten. Dabei ist dieser Sinn oder Zweck offenbar stets an ein Wesen mit Bewußtsein – wie den Menschen –

gebunden, das diesen Sinn oder Zweck seinerseits hat oder verfolgt. Insofern ist dieser Sinn oder Zweck häufig auch gleichbedeutend mit einem *Ziel*. So verfolgen Menschen den Zweck oder haben das Ziel, miteinander zu verkehren; und der Patient und sein Arzt verfolgen den Zweck oder haben das Ziel, daß der Patient überlebt. Ein so verstandener Sinn ist immer ein Sinn *für* ein bestimmtes Wesen. Und dieser Sinn stellt für den Betreffenden auch gleichzeitig einen Wert dar.

Wieso nun kann das menschliche *Leben* einen Sinn – einen Zweck, ein Ziel oder einen Wert – haben? Nun, das Leben kann zum einen für sein *Subjekt* einen Sinn haben. So kann A mit seinem Leben etwa das Ziel verfolgen, politische Macht zu gewinnen oder den Armen in Afrika zu helfen oder als Masseur zu arbeiten. Das Leben eines Menschen kann aber auch für andere Menschen einen bestimmten Sinn haben. So können Eltern mit dem Leben ihrer Tochter den Sinn verbinden, daß sie eine professionelle Tennisspielerin wird. Natürlich kann man auch das sehr allgemeine Ziel haben, ein möglichst erfülltes oder glückliches Leben zu führen. Andererseits kann man auch weitgehend «in den Tag hineinleben» und sich stets neue Ziele von bescheidener Reichweite setzen. Bei alledem ist es natürlich möglich, verschiedene Ziele der genannten Art miteinander zu kombinieren. So verfolgen viele Menschen jedenfalls *auch* das Ziel, möglichst glücklich zu sein.

Wichtig in diesem Zusammenhang ist die folgende Unterscheidung: Ein Leben oder einzelne Lebensvollzüge oder Handlungen können ihren Sinn entweder als Selbstzweck haben oder aber als bloße Mittel zu einem anderen Zweck, der Selbstzweck ist. So kann ich auf dem Klavier Etüden spielen, weil mir dies Spaß macht oder weil mir dies die Möglichkeit gibt, eines Tages J. S. Bachs *Das Wohltemperierte Klavier* zu spielen. Dabei ist die Frage, ob das gewählte Mittel zur Erreichung des erstrebten Zieles tatsächlich geeignet ist, nicht immer leicht zu beantworten. Häufig ist man insoweit in hohem Maß auf das Wissen und den Rat von Experten angewiesen.

An welchem Punkt all dieser Überlegungen aber könnte Gott ins Spiel kommen? Sicher als allwissender Experte für die zur Erreichung eines Selbstzwecks geeigneten Mittel. Und zwar gilt dies insbesondere für den umfassenden Selbstzweck eines erfüllten oder glücklichen Lebens. Diese Möglichkeit aber haben wir der Sache nach im Zusammenhang mit unserer Erörterung göttlicher «Weisungen» schon oben (S. 69 ff.) behandelt – mit einem negativen Ergebnis.

Außerdem könnte Gott aber auch seine *eigenen* Ziele mit unserem Leben verfolgen. Und genau davon scheinen die meisten Theisten auszugehen. Sie scheinen außerdem wie Küng zu meinen, unser Leben könne nur dann ein «sinnvolles Leben» genannt werden, wenn wir unsere menschlichen Ziele nach jenen göttlichen Zielen ausrichten bzw. diesen unterordnen.

Doch auch an diesem Punkt sind wir wiederum in der schon beschriebenen Sackgasse: Wir besitzen keinerlei verläßliche Methode, auf der Basis eines bloßen Postulats der Existenz Gottes, also ohne eine begründete *Erkenntnis* von Gott und seinen Absichten, an irgendwelche Informationen über die Ziele Gottes zu gelangen. Wir können vielmehr auch die Existenz sowie den Inhalt solcher Ziele wiederum nur *postulieren* – mit dem Ergebnis, daß vermutlich jeder seine eigenen Ziele bzw. die Ziele seiner religiösen Glaubensgemeinschaft in die postulierten Ziele Gottes hineinliest! Auch Lehmann scheint das Problem zu sehen; er kann jedenfalls kein Kriterium dafür nennen, ob das, was der Mensch als göttliche Sinngebung zu erkennen glaubt, «nur nach dem eigenen Geschmäcklein ist oder ob es wirklich hieb- und stichfest ist» (Lehmann I, S. 73).

Wie der Vorsitzende der Deutschen Bischofskonferenz das Problem jedoch immer dann mühelos zu bewältigen scheint, wenn es um Fragen kirchlicher Einflußnahme auf die Politik geht, mag das folgende Beispiel der Errichtung von «Hemmschwellen in Richtung Euthanasie» zeigen. Hier geht es, so schreibt Lehmann, «um eine ganz grundlegende Frage des Menschenbildes», nämlich darum, «ob ich mir klar darüber bin, daß der Mensch sich nicht selber geschaffen hat. Und wenn dies angenommen wird, dann ist auch klar, daß er sich selbst nicht zu Ende bringen soll» (Lehmann I, S. 151). Man braucht gewiß kein Philosoph zu sein, um die Haltlosigkeit dieser Argumentation zu durchschauen: Natürlich hat der Mensch – das menschliche Individuum ebenso wie die Menschheit – «sich nicht selbst geschaffen»; diese Behauptung wäre in der Tat absurd. Falls aber Gott den Menschen geschaffen hat, so hat er ihm doch offenbar bewußt die Möglichkeit gegeben, sein Leben gezielt zu beenden bzw. beenden zu lassen. Woher nun weiß Lehmann, daß ebendieser Gott, der außerdem allgütig ist, es dem Menschen unter allen Umständen untersagt, von dieser Möglichkeit Gebrauch zu machen? Ließe sich nicht ebenso gut behaupten, der Mensch dürfe sich zur Beseitigung von Schmerzen niemals einer Operation unterziehen?

Ist ohne Bezug auf Gott unser Leben nun aber, wie Küng behauptet, sinnlos, und sind wir dem «Nihilismus» ausgeliefert? Dies ist eine sehr merkwürdige Annahme. Denn an den oben dargestellten Möglichkeiten einer *menschlichen* Sinngebung hat sich ja nichts geändert. Wieso sollte mein Klavierspiel deshalb seinen Sinn verloren haben, weil mir das Postulat der Existenz Gottes insoweit nichts nützt? Dies wäre doch nur dann plausibel, wenn ich von vornherein nur einen Sinn in meinem Klavierspiel erblickt hätte auf dem Hintergrund einer entsprechenden Sinngebung Gottes. Das aber trifft nicht zu. Und ich habe den Verdacht, daß derartiges selbst auf überzeugte Theisten nur sehr begrenzt zutrifft. Das heißt: Auch Theisten verfolgen zumindest auch Ziele, die offenbar für sie in gar keinem Zusammenhang mit einer göttlichen Sinngebung stehen. Ich kann jedenfalls in der Einstellung meiner beiden regelmäßigen Schachpartner – einer ist Theist, einer Atheist – zur Sinnhaftigkeit des Schachspiels keinen Unterschied entdecken. Wir alle betrachten das Spiel offenbar als einen ganz selbstgewählten Selbstzweck und finden deshalb in ihm auch stundenweise unseren Lebenssinn. Ich sehe nicht, wieso sich dieser Sinn in irgendeiner Weise steigern ließe durch das Postulat eines Gottes, der *wünscht*, daß wir Schach spielen.

Da das Leben ein Ende hat, braucht man sich wegen eines ausreichenden Vorrats an sinnstiftenden Zielen nicht unbedingt Sorgen zu machen. Wenn aber bisweilen behauptet wird, das Leben als *Ganzes* sei jedenfalls sinnlos, falls der Tod wirklich das Ende ist, so ist das kaum verständlich. Das Leben als Ganzes ist ja nicht mehr und nicht weniger als die Summe seiner Teile. Und das Leben beispielsweise meiner Mutter war insgesamt so wenig sinnlos (für sie wie für einige andere Menschen) wie mein gestriges Schachspiel. Es mag sein, daß bei einem längeren Verlauf der Sinn in beiden Fällen noch eine Steigerung hätte erfahren können. Trotzdem gilt: *Eine Tätigkeit oder Erfahrung verliert ihren Sinn nicht dadurch, daß sie ein Ende findet.*

2. Die Erwartung eines Jenseits

Die Frage nach den Aussichten des Menschen auf ein jenseitiges Leben ist als solche nicht Thema dieser Abhandlung. Logisch betrachtet, ist diese Frage von der Frage nach Gott unabhängig: Falls es einen Gott gibt, so bedeutet dies nicht unter allen Umständen auch schon, daß dieser Gott ein Weiterleben nach dem Tod für den Menschen vorgesehen hat. Andererseits könnte im Prinzip auch ein gottloses Universum – so wie unter dieser Voraussetzung das irdische Leben der Menschen ohne Zutun eines Gottes Realität ist – auch noch ganz andere Formen eines Lebens für dieselben Menschen zum Inhalt haben.

Wenn die Frage nach einem Jenseits hier trotzdem eine gewisse Erörterung findet, so deshalb, weil es einige Sinnargumente für die Existenz Gottes gibt, die entscheidend auf die Erwartung eines Jenseits abstellen. Die wichtigsten dieser Sinnargumente stammen von so berühmten Denkern wie Blaise Pascal und Immanuel Kant.

Pascal geht in seinen Überlegungen (Pascal, S. 226 ff.) ausdrücklich davon aus, daß die Frage nach der Existenz Gottes theoretisch nicht entscheidbar ist. Aus dieser Annahme läßt sich die Konsequenz ziehen, daß man in religiöser Skepsis verharrt und *nicht* an Gott glaubt. Diese Konsequenz lehnt Pascal jedoch ab, weil er sie unter praktischem Aspekt für unklug hält. Er schlägt statt dessen vor, in Form einer *Wette* auf die Existenz Gottes zu setzen, und argumentiert folgendermaßen.

Was sind die praktischen Folgen für unser Leben, was haben wir zu gewinnen bzw. zu verlieren, wenn wir entweder auf die Existenz oder auf die Nichtexistenz Gottes setzen? 1. Wenn wir auf die Existenz Gottes setzen und dementsprechend ein gottgefälliges Leben führen, so gewinnen wir, *falls* Gott existiert, die ewige Seligkeit, die unsere Bemühungen um ein gottgefälliges Leben mehr als aufwiegt. Falls Gott aber *nicht* existiert, so verlieren wir in diesem Fall lediglich gewisse irdische Befriedigungen, auf die wir zugunsten eines gottgefälligen Lebens verzichtet haben. 2. Wenn wir *nicht* auf die Existenz Gottes setzen und dementsprechend unser Leben gestalten, so verlieren wir, *falls* Gott existiert, die ewige Seligkeit, was durch den Genuß irdischer Befriedigungen sicher nicht wettgemacht wird. Falls Gott aber *nicht* existiert, so besteht in diesem

Fall unser Gewinn in nichts weiter als dem Genuß der betreffenden irdischen Befriedigungen.

Aus alledem folgt: Falls Gott existiert, so bringt uns der Glaube im Vergleich zum Unglauben einen immensen Vorteil. Falls Gott aber *nicht* existiert, so bringt uns der Glaube im Vergleich zum Unglauben bloß einen geringfügigen Nachteil. Der entscheidende Unterschied ist einfach darin begründet, daß unser kurzes irdisches Leben im Vergleich mit einem möglichen ewigen Jenseits so gut wie ohne Gewicht bleibt. Kein vernünftiger Mensch wird, so Pascal, unter diesen Umständen darauf verzichten, auf die Existenz Gottes zu setzen.

Auf den ersten Blick kann man diesem praxisbezogenen Argument für den Gottesglauben die Plausibilität kaum absprechen. Bei genauerem Zusehen wird jedoch deutlich, daß es einige versteckte Voraussetzungen enthält, die bei kritischer Betrachtung alles andere als selbstverständlich sind. Der entscheidende Punkt ist folgender. Pascal geht ohne jede Argumentation einfach davon aus, daß, *falls* es ein Leben nach dem Tod gibt, dieses Leben nur von *Gott* bereitgestellt sein kann und daß außerdem unser *Glaube* an die Existenz Gottes eine unverzichtbare Voraussetzung dieses ewigen seligen Lebens ist. Diese Annahmen sind aber alles andere als selbstverständlich. Man betrachte einmal die folgenden möglichen Alternativen.

1. Es gibt ein ewiges seliges bzw. glückliches Leben des Menschen, obschon es keinen Gott gibt (siehe schon oben S. 79). Wovon auch immer es danach abhängen mag, ob jemand dieses Leben erlangt: Es hängt jedenfalls nicht von der Existenz *Gottes* – geschweige denn von einem *Glauben* an seine Existenz – ab. 2. Gott existiert und schenkt den Menschen die ewige Seligkeit ganz unabhängig davon, wie sie ihr (vergleichsweise kurzes) Erdenleben gestalten. 3. Gott existiert und schenkt den Menschen die ewige Seligkeit zwar in Relation zu ihrer irdischen Lebensführung, aber nicht etwa entsprechend ihrem Gottesglauben, sondern allein danach, wie sehr sie die Gebote einer humanen Moral befolgt haben. So ergibt sich ja auch aus dem katholischen Lehrsatz «Außerhalb der Kirche kein Heil» nicht ohne weiteres, daß «alle Menschen guten Willens, die nie von Christus und Kirche gehört haben, aber gut, gerecht und fromm leben, in die Hölle fahren» (*Katholischer Erwachsenen-Katechismus,* S. 265). 4. Gott existiert, schätzt es aber

durchaus nicht, wenn Menschen aus bloßen Klugheitsgründen auf seine Existenz wetten. Er belohnt vielmehr gerade jene Menschen mit der ewigen Seligkeit, die sich für ihren Glauben (oder auch für ihren Unglauben!) an ihn und an die ewige Seligkeit nicht aus praxisbezogenen, sondern ausschließlich aus theoretischen Erwägungen entschieden haben. Denn Gott hat sich etwas dabei gedacht, als er die Menschen mit der Fähigkeit zu theoretischer Erkenntnis ausstattete.

Es liegt mir an dieser Stelle fern, für eine dieser Alternativen auch nur als wahrscheinlich zu plädieren. Sie sind jeweils mit sicherlich schwer zu begründenden Annahmen – *theoretischen* Annahmen – verbunden. Ich möchte lediglich behaupten: Die Alternative Pascals ist ihrerseits nicht weniger mit bestimmten, schwer zu begründenden theoretischen Annahmen – insbesondere Annahmen über ein gottgefälliges (Gott gefälliges!) Leben – verbunden. Pascal formuliert diese Annahmen jedoch gar nicht explizit; und noch weniger begründet er sie. Er legt sie einfach, als handle es sich um ganz selbstverständliche Wahrheiten, seiner Wette auf die Existenz Gottes zugrunde. Zur Rechtfertigung seiner Wette geht der Philosoph einfach davon aus, daß, theoretisch betrachtet, überhaupt nur zwei Möglichkeiten eines fundamentalen Weltverständnisses in Betracht kommen: Entweder es gibt einen Gott, der jene Menschen, die an ihn glauben, mit ewiger Seligkeit belohnt; oder es gibt keinen Gott, und das menschliche Leben hört mit dem Tod endgültig auf. Diese Annahme Pascals ist vollkommen willkürlich.

Es sei dem Leser anheimgestellt, außer den oben genannten auch noch weitere Alternativen eines spezifisch religiösen bzw. metaphysischen Weltverständnisses in Betracht zu ziehen. Solange uns *keinerlei Argumente* dafür präsentiert werden, warum wir gerade die von Pascal gemachte Annahme über die Absichten Gottes, falls er existiert, und ein ewiges Leben akzeptieren sollen, gibt es für uns keinen guten Grund, uns auf Pascals Wette auf die Existenz Gottes zum Zweck der Erlangung eines ewigen Lebens einzulassen.

Ein praxisbezogenes Argument ganz anderer Art für den Gottesglauben als bei Pascal findet sich bei Kant. Ihm geht es bei seinem Postulat für die Existenz Gottes um einen Zusammenhang nicht zwischen Gottesglauben und Klugheitskalkül, sondern zwischen Gottesglauben und Moral. Allerdings ist der Zusammenhang zwischen Gottesglauben und Moral für Kant ein sehr spezieller.

Er besteht *nicht* darin, daß die Annahme der Existenz Gottes – im Sinn der in Kapitel V erörterten Position – notwendig ist für die Moral*begründung* bzw. für das moralische *Verhalten*: Auch ohne diese Annahme sind für Kant, wie seine Theorie des «kategorischen Imperativs» sehr deutlich macht, gewisse Moralprinzipien sowohl rational begründbar als auch vom Menschen befolgbar.

Kant argumentiert für den Gottesglauben im Zusammenhang mit der Moral vielmehr wie folgt (Kant I, S. 254 ff.). Einerseits verlangt die Ethik von den Menschen, daß sie, ohne Rücksicht auf ihre Wünsche und ihr individuelles Glück, aus moralischer Gesinnung den Vernunftprinzipien des kategorischen Imperativs folgen. Andererseits aber haben die Menschen auch ein durchaus legitimes Bedürfnis nach individueller Glückseligkeit. Wie aber läßt sich beides miteinander vereinbaren? Die Erfahrung zeigt uns, daß moralisches Verhalten und Glück in der Realität oft weit auseinanderklaffen: Nicht selten sind die Bösewichter auch die Gewinner, die Tugendhaften dagegen die Verlierer.

Dieser unerträgliche Zustand kann nach Kant nicht das Ende aller Dinge und der Weisheit letzter Schluß sein. Als Menschen haben wir die unaufgebbare Idee von so etwas wie einem «höchsten Gut». Dieses höchste Gut besteht zum einen in moralischer Rechtschaffenheit oder Tugend und zum anderen darin, daß diese moralische Rechtschaffenheit oder Tugend auch die ihr gebührende Belohnung findet. Daß wir als moralische Wesen dieses höchste Gut natürlich fördern sollen, setzt aber voraus, daß dieses höchste Gut auch tatsächlich erreichbar ist. Da es jedoch, wie ausgeführt, im Diesseits oft nur unvollkommen erreicht wird, ist seine vollständige Erreichung an die folgende Voraussetzung gebunden: Es muß einen Gott geben, der in einem jenseitigen Leben des Menschen dafür sorgt, daß jeder Mensch letztlich genau jenes Maß an Glückseligkeit erfährt, dessen er sich durch sein Verhalten im Diesseits würdig erwiesen hat. Nur so läßt sich die Verknüpfung von Tugend und der ihr angemessenen Glückseligkeit gewährleisten.

Es ist wohl nur auf dem Hintergrund des immensen Renommees Kants nachvollziehbar, daß dieses Argument bis heute im religiösen Denken von Philosophen wie Theologen eine sehr starke Beachtung findet. Bei nüchterner Betrachtung ist es nämlich an seinem entscheidenden Punkt ganz abwegig. Selbst wenn wir uns mit dem, was Kant als «höchstes Gut» bezeichnet, vollkommen identifizieren: Unsere Anerkennung der Verpflichtung, dieses Gut zu fördern, setzt keineswegs, wie Kant behauptet, voraus, daß dieses Gut für uns auch *ohne Einschränkung erreichbar* ist. Sie setzt lediglich voraus, daß wir dieses Gut tatsächlich – ob mehr oder ob weniger – *fördern* können.

Diese Voraussetzung aber ist zweifellos – ganz unabhängig von der Existenz Gottes – erfüllt. Wir können dieses Gut nämlich zum einen durch eigenes tugendhaftes Verhalten fördern. Und wir können dieses Gut zum zweiten dadurch fördern, daß wir das tugendhafte Verhalten unserer Mitmenschen schon auf dieser Erde möglichst belohnen. Durch die erste Maßnahme erhöhen wir ja in der Welt das Ausmaß der Tugend selbst, und durch die zweite Maßnahme erhöhen wir das Ausmaß der Verknüpfung von Tugend und Glück.

Das Postulat einer *uneingeschränkten* Ermöglichung und Verwirklichung dieser Verknüpfung durch Gott ist in diesem Zusammenhang ebenso überflüssig wie dafür, daß wir sinnvollerweise das Ziel verfolgen, etwa den Hunger in Afrika möglichst weitgehend zu beseitigen, das Postulat überflüssig ist, daß eines Tages dieser Hunger – vielleicht von Gott – *vollständig* beseitigt wird. Außerdem: Wenn es tatsächlich einen Gott gibt, der sich mit den genannten Zielen identifiziert, ist es schwer einsehbar, warum dieser Gott die Welt nicht so eingerichtet hat, daß bereits der Mensch selbst diese Ziele *uneingeschränkt* verwirklichen kann.

Natürlich können wir im jeweiligen Fall den Wunsch oder die *Hoffnung* haben, daß unser Ziel – auf welche Weise auch immer – irgendwann uneingeschränkt verwirklicht wird. Eine bloße Hoffnung ist aber nicht auch schon eine rational begründete Erwartung. Hoffnungen können sich auf Ereignisse richten, die – wie der große Lottogewinn oder das Erreichen eines Lebensalters von 150 Jahren – äußerst unwahrscheinlich oder gar unmöglich sind. Generell rationale Menschen werden derartige Hoffnungen kaum hegen. Wer sie jedoch zur Bewältigung seines Lebens braucht, hat für seine Person vermutlich einen hinreichenden praktischen Grund, an ihnen festzuhalten. Und dies gilt auch für solche Hoffnungen, die sich auf Gott und auf ein Jenseits richten. Philosophisch betrachtet, zählt jedoch allein die Frage, ob diese Hoffnungen eine intersubjektiv rationale Basis haben oder ob sie nur Ausdruck des Wunschdenkens bestimmter Individuen sind.

Wie unüberlegt ein solches Wunschdenken sein kann, mag die Tatsache zeigen, daß populäre Sinnargumente für die Existenz Gottes oft davon ausgehen, daß die mit dem christlichen Glauben verbundene Hoffnung auf ein jenseitiges Leben uns schon im Diesseits das Glücksempfinden einer freudigen Erwartung beschert. Wer so argumentiert, scheint den folgenden Umstand entweder zu vergessen oder bewußt zu unterdrücken: Das christliche Jenseitsbild ist – anders als das Jenseitsbild etwa von Kant – dadurch charakterisiert, daß dem Menschen nach dem Tod eine extreme Alternative bevorsteht: *entweder* der Himmel mit der ewigen Seligkeit *oder* die Hölle mit der ewigen Verdammnis. Wie ernst zu nehmen dabei die Höllenalternative ist, belegt eine bis heute lebendige, jahrhundertelange christliche Glaubenstradition. Nach katholischer Lehre jedenfalls besagt diese Alternative: «Die Seelen derer, die im Stand der Todsünde sterben, kommen sogleich nach dem Tod in die Unterwelt, wo sie die Qualen der Hölle erleiden», wobei diese Hölle «ewig dauert» (*Katechismus der Katholischen Kirche*, Nr. 1035; vgl. auch oben S. 73).

Zwar gibt es neuerdings vermehrt theologische Versuche, den Glauben an Hölle und Teufel im Rahmen des Christentums für verzichtbar zu erklären bzw. die genannten Begriffe als bloße «Symbole» für das Böse in der Welt zu verharmlosen. Wer jedoch in seinem Denken konsequent ist, kann derartigen Anpassungsmanövern an den Zeitgeist einer modernen «Spaßgesellschaft» kaum folgen. Ebensogut könnte man einem Christentum ohne Gott und Himmel das Wort reden bzw. diese Begriffe als bloße «Symbole» für das *Gute* in der Welt verstehen. Sehr treffend faßt der *Osservatore Romano* die unmißverständliche Ansprache von Papst Paul VI. aus dem Jahr 1972 über Existenz und Wirken des Teufels wie folgt zusammen: «Im Christentum ist alles harmonisch verbunden. Wenn man einen einzigen Pfeiler ablehnt (und die Existenz des Teufels und sein Wirken ist einer!), stürzen mit Notwendigkeit auch die anderen Bauelemente zusammen» (*Herder Korrespondenz* 1973, S. 125 ff. bzw. S. 129).

Was aber die Hölle angeht, so stellt Kardinal Joseph Ratzinger fest: «Alles Deuten nützt nichts: Der Gedanke ewiger Verdammnis ... hat seinen festen Platz sowohl in der Lehre Jesu wie in den Schriften der Apostel. Insofern steht das Dogma auf festem Grund, wenn es von der Existenz der Hölle und von der Ewigkeit ihrer

Strafen spricht» (Ratzinger, S. 176 unter Hinweis auf zahlreiche einschlägige Bibelstellen). Dabei ist zu bedenken: Ratzinger ist nicht ein Kardinal unter vielen. Er ist vielmehr der Präfekt der Vatikanischen Kongregation für die Glaubenslehre und genoß in Fachkreisen lange Zeit – bis zur Fußballeuropameisterschaft 2004 – den ihm von Tarcisio Bertone, dem Kardinal von Genua, verliehenen Ehrentitel eines «Giovanni Trapattoni der katholischen Kirche» (*zur debatte* 1/2004, S. 1).

Die Perspektive eines ewigen Jenseits im Himmel ist für den gläubigen Christen also nur die halbe Wahrheit. Und kein Gläubiger kann im Grunde sicher sein, wo er landen wird. Sogar was die Statistik der Geretteten und der Verdammten angeht, fehlen sichere Hinweise. (Zu diesbezüglichen Annahmen führender christlicher Denker siehe unten S. 110f.) Versteht es sich wirklich von selbst, daß jemand unter diesen Umständen auf ein Jenseits hofft und in dieser Hoffnung innere Befriedigung findet? Setzt dies nicht bei dem Betroffenen, rational betrachtet, entweder eine hohe Risikobereitschaft oder aber die absolute Überzeugung von der eigenen Sündenlosigkeit voraus?

Für mich war es, solange ich gläubiger Christ war, immer ein Rätsel, wie die christliche Jenseitserwartung das diesseitige Leben eines Menschen glücklicher machen kann. Zwar liest man bei Thomas von Aquin, daß die Seligen im Himmel das zusätzliche Privileg genießen, «die Strafe der Gottlosen vollkommen zu schauen», damit ihnen «ihre Seligkeit noch erfreulicher sei» (Thomas von Aquin, S. 181). Doch auch diese besondere Aussicht hat bei mir nie dazu führen können, daß die Freude auf den Himmel die Angst vor der Hölle überwogen hat. Daß ich mit dieser Einstellung unter denkenden Menschen, die den christlichen Glauben ernst nehmen, nicht allein stehe, mag das folgende Zitat belegen: «Ich kann in der Tat kaum begreifen, wie irgend jemand wünschen kann, daß die christliche Lehre wahr sei. Denn wenn dies der Fall wäre, scheint die eindeutige Botschaft des Neuen Testament zu lauten, daß die Ungläubigen – also auch mein Vater, mein Bruder und fast alle meine besten Freunde – ewige Strafen erleiden müssen. Dies ist eine abscheuliche Lehre.» (Darwin, S. 50)

Wer eine solche Einstellung hat, muß zweifellos darauf achten, daß er nicht seinen *Unglauben* an Gott und das christliche Jenseits von bloßem Wunschdenken bestimmen läßt. Mit Recht weist Küng darauf hin, «daß nicht nur die Sexualität, sondern auch die Religiosität verdrängt werden kann» (Küng I, S. 25). Inzwischen scheint selbst in Theologenkreisen die Gefahr der zweitgenannten Verdrängung zu überwiegen.

Was im übrigen die Aussichten eines möglichen Jenseits angeht, so könnte dieses ohne Zweifel auch eine ganz andere Gestalt haben als die christliche. Denn «Himmel und Hölle setzen zwei verschiedene Arten von Menschen voraus: die guten und die bösen. Doch der größte Teil der Menschheit schwankt zwischen Gut und Böse» (Hume III, S. 53).

VII. Warum läßt Gott das Übel zu?

In den bisherigen Kapiteln haben wir uns mit Argumenten befaßt, die *für* die Existenz Gottes sprechen. In dem vorliegenden Kapitel wollen wir uns mit Argumenten befassen, die *gegen* die Existenz Gottes sprechen. Auch derartige Argumente haben eine lange Tradition. Wer diese Argumente geltend macht, ist nicht nur der Meinung, daß hinreichende Argumente *für* die Existenz Gottes («Pro-Argumente») fehlen. Er meint darüber hinaus, daß es sogar hinreichende Argumente *gegen* die Existenz Gottes («Kontra-Argumente») gibt.

Die Erörterung solcher Kontra-Argumente ist nicht zuletzt unter folgendem Gesichtspunkt von Bedeutung. Zwar hat derjenige, der die Pro-Argumente nicht für hinreichend hält, schon deshalb keinen vernünftigen Grund, selbst an Gott zu glauben. Das ändert aber nichts an der Tatsache, daß es andere Menschen gibt, die ihrerseits an Gott glauben. Dabei ist anzunehmen, daß einige dieser Menschen deshalb an Gott glauben, weil sie die Pro-Argumente für hinreichend halten, und daß andere dieser Menschen einfach deshalb an Gott glauben, weil sie so erzogen oder durch andere Faktoren so bestimmt sind. Mit Theisten der ersten Kategorie aber kann der Atheist unter Umständen einen fruchtbaren Dialog aufnehmen: Während der Theist versucht, den Atheisten von seinen Pro-Argumenten zu überzeugen, versucht der Atheist, dem Theisten seine Kontra-Argumente einsichtig zu machen. Ja, gelegentlich mag es dem Atheisten sogar gelingen, Theisten der zweiten Kategorie zum Nachdenken über die Gottesfrage anzuregen und sich erstmals in ihrem Leben um mögliche Pro-Argumente zu bemühen. Auf diese Weise könnte unter idealen Bedingungen sogar ein in religiösen Grundfragen so steriles Klima wie das in unserer gegenwärtigen Gesellschaft eine gewisse Auflockerung erfahren. Immerhin ist es eine Tatsache, daß bis auf den heutigen Tag nicht nur von manchen Atheisten immer wieder Kontra-Argumente in bezug auf den Gottesglauben vorgebracht werden, sondern daß derartige Argumente auch von manchen Theisten immer wieder ausdrücklich zurückgewiesen werden.

Im Mittelpunkt aller Kontra-Argumente steht das sogenannte Theodizee-Problem, das heißt das Problem der Rechtfertigung Gottes angesichts des Übels in der Welt: Wie kann ein uneingeschränkt vollkommener Gott, also ein personales Wesen, das sowohl allmächtig (einschließlich allwissend) als auch allgütig (einschließlich allgerecht) ist, es zulassen oder sogar wollen, daß die von ihm geschaffene sowie erhaltene und gelenkte Welt jene offenkundigen Übel enthält, die kein Betrachter dieser Welt leugnen kann? Der Atheist hält dieses Problem nicht für lösbar. Er glaubt, mit Epikur von Gott behaupten zu können: «Ist er willens, aber nicht fähig, Übel zu verhindern? Dann ist er ohnmächtig. Ist er fähig, aber nicht willens? Dann ist er boshaft. Ist er sowohl fähig als auch willens? Woher kommt dann das Übel?» (Zitiert nach: Hume I, S. 99.)

Der Atheist ist mit seinem Kontra-Argument nicht etwa darauf aus, die Existenz schlechthin jedes göttlichen Wesens zu leugnen. Er leugnet lediglich die Existenz eines göttlichen Wesens, das sowohl allmächtig als auch allgütig ist, mit anderen Worten: die Existenz Gottes. Angesichts des unbezweifelbaren Übels in der Welt hält er ein Weltbild unter Einschluß der Existenz Gottes für in sich widersprüchlich und damit für irrational. Nach seiner Überzeugung muß der Theist den Glauben an zumindest *eine* der beiden genannten Eigenschaften Gottes preisgeben.

Auf den ersten Blick jedenfalls hat es den Anschein, daß die These des Atheisten einiges für sich hat. Das Theodizee-Problem, das Problem des Übels, ist ganz offenbar ein ernsthaftes Problem, das jeder Theist, der seinen Glauben für rational vertretbar hält, als Herausforderung ansehen und deshalb zu lösen versuchen muß. Wie könnte eine Lösung aussehen? Ohne Zweifel wäre es keine vertretbare Lösung, einfach die Existenz des Übels in der Welt zu leugnen. Zwar gibt es auch unter vernünftigen Menschen gelegentlich Meinungsverschiedenheiten darüber, ob ein Phänomen als Übel anzusehen ist oder nicht. (Ist zum Beispiel das Phänomen der Wüste oder das Phänomen der Homosexualität ein «Übel»?) Trotzdem gibt es genügend Phänomene in der Welt, deren Übelcharakter von keiner halbwegs vernünftigen Person bestritten wird. So ist jedes unverschuldete Leiden mit Sicherheit ein Übel. Und Phänomene wie furchtbare Seuchen, verheerende Erdbeben oder schreckliche Weltkriege sind ohne Zweifel Übel.

Was der Theist unter diesen Umständen benötigt, ist so etwas wie eine überzeugende *Brückenthese*, das heißt eine These, die ihm die Möglichkeit verschafft, den behaupteten Widerspruch zwischen Gottes Allmächtigkeit und Allgüte auf der einen Seite und der Existenz des Übels auf der anderen Seite wirksam zu überbrücken und damit als einen nur *scheinbaren* Widerspruch zu erweisen. Und es gibt in der Tat eine Reihe von Brückenthesen, die für diese Funktion in Betracht kommen und die wir deshalb im folgenden erörtern werden.

Den Kern all dieser Brückenthesen bildet die Zurückweisung der Annahme, daß ein allmächtiges und allgütiges Wesen *niemals* ein Übel verursachen würde, verbunden mit der positiven Behauptung, daß auch ein solches Wesen durchaus dann ein Übel verursachen würde, wenn dieses Übel die *zwingende Voraussetzung zur Herbeiführung eines größeren Gutes* ist. Und um es gleich zu sagen: Mit dieser Behauptung, die im Zentrum jeder ernsthaften Theodizee stehen muß, hat der Theist ganz sicher recht! Die generelle Annahme, wonach ein gutes Wesen jedenfalls absichtlich niemals ein Übel verursachen würde, ist oberflächlich sowie falsch.

Ein paar Beispiele: Auch ein in jeder Hinsicht untadeliger Arzt wird einem Menschen etwa nach einem Verkehrsunfall gewisse Schmerzen (also Übel) zufügen, wenn er nur so sein Leben retten kann. Und auch die liebevollsten Eltern – ja gerade solche Eltern – werden auf ihr Kind einen gewissen Zwang (also ein Übel) ausüben, wenn sie nur so erreichen können, daß das Kind das immense musikalische Talent, das es besitzt, auch ausbildet. Natürlich – auch dies zeigen die Beispiele – kann die Herbeiführung des betreffenden Gutes nicht *jedes beliebige* Übel (jeden noch so großen Schmerz bzw. Zwang) rechtfertigen. Das betreffende Gut muß vielmehr das betreffende Übel überwiegen; es muß, wie gesagt, *größer* sein als dieses, das heißt, seine positive Qualität muß die negative Qualität des Übels an Wert übertreffen.

Nach alledem lautet die für das Theodizee-Problem alles entscheidende Frage: Kann der Theist wirklich zeigen, daß jene Übel, die die Welt mit Sicherheit enthält, keine in dem Sinn *überflüssigen* Übel sind, daß sie sogar für ein allmächtiges Wesen eine notwendige Voraussetzung zur Herbeiführung größerer, die Übel an Wert übertreffender Güter sind? Ist die tatsächliche Welt mit ihrem Übel also besser als jede andere, mögliche Welt ohne oder mit weniger Übel?

Hätte also selbst ein allmächtiger Gott nicht eine andere, mindestens ebenso gute Welt erschaffen können, die gar keine oder weniger gravierende Übel als die tatsächliche Welt enthält? Manche Atheisten scheinen es für völlig selbstverständlich zu halten, daß diese Möglichkeit für einen allmächtigen Gott bestanden hätte. Selbstverständlich ist dies aus dem folgenden Grund aber nicht.

Auch ein allmächtiges Wesen kann keineswegs alles Beliebige herbeiführen. Es kann zum Beispiel nicht einen Planeten erschaffen, der gleichzeitig eine Kugel und eine Scheibe ist – ebensowenig wie ein Töpfer einen Gegenstand herstellen kann, der gleichzeitig beide diese Eigenschaften hat. Der Grund hierfür ist leicht einsehbar: Die Vorstellung von einem solchen Gegenstand enthält einen *logischen Widerspruch*. Was in sich logisch widersprüchlich ist, kann jedoch als solches weder hergestellt werden noch in irgendeiner Weise existieren. So kann es auch beispielsweise unmöglich eine Welt geben, in der jeder erwachsene Mensch verheiratet ist, in der die Priester jedoch Junggesellen sind. Sich vorzustellen oder gar zu wünschen, daß eine solche Welt existiert, wäre offensichtlich hochgradig irrational. Und niemand, auch nicht ein allmächtiger Gott, kann eine solche Welt, deren Existenz logisch gar nicht möglich ist, erschaffen.

Unsinnig ist aus diesem Grund die gelegentlich erhobene Forderung, Gott hätte wegen seiner «Allgüte» nicht nur eine *gute* Welt ohne überflüssige Übel, sondern geradezu die bestmögliche Welt erschaffen müssen. Eine bestmögliche Welt kann es nämlich aus logischen Gründen ebensowenig geben, wie es etwa die größtmögliche Zahl gibt. Ebenso wie man zu jeder beliebig großen Zahl noch eine größere Zahl hinzufügen kann, so kann man auch zu jeder noch so perfekten Welt immer noch ein weiteres positives Element hinzudenken. Wie viele glückliche Menschen oder sonstige Lebewesen müßte die Welt denn enthalten, um als bestmöglich gelten zu können? Offenbar könnte ein allmächtiger Gott einer Welt von unendlichen Ausmaßen immer noch einen weiteren glücklichen Menschen oder Elefanten hinzufügen und dadurch die Welt – jedenfalls nach verbreiteter Meinung – zu einer *noch* besseren Welt machen!

Selbst von einem allmächtigen und allgütigen Gott kann man sinnvollerweise nichts anderes als eine *gute* Welt, die keine überflüssigen Übel enthält, erwarten. Wenn Gott eine solche Welt mit der tatsächlichen Welt erschaffen hat, so ist das Theodizee-Problem, das Problem des Übels, damit gelöst. *Wie* gut im einzelnen die von Gott geschaffene Welt im Vergleich mit anderen denkbaren Welten ist, ist für dieses Problem ohne Bedeutung. Auch eine Welt ohne Leiden, in der die einzigen Lebewesen zufriedene Katzen sind, wäre eine von vielen guten Welten, in der das Theodizee-Problem nicht auftaucht.

Abwegig wäre in diesem Zusammenhang die Idee, von einem «Übel» schon immer dann zu sprechen, wenn ein denkbares Gut nicht realisiert ist. Unter dieser Voraussetzung könnte es nämlich eine Welt ohne Übel von vornherein nicht geben, da, wie wir sahen, ja keine mögliche Welt *alle* denkbaren Güter enthalten kann. Jede überhaupt mögliche Welt enthielte also gewisse Übel, insoweit ihr einige denkbare Güter fehlen. Ein mehr als merkwürdiges Ergebnis! Zudem stünde ein solcher Sprachgebrauch in krassem Gegensatz zu dem, was wir normalerweise mit den genannten Wertbegriffen ausdrücken wollen. Wenn ein Finanzbeamter vielleicht ein weniger gutes Leben als ein Künstler hat, so hat er ja nicht schon deshalb ein *schlechtes* Leben; und ein Urlaub auf Mallorca, der vielleicht weniger gut als ein Urlaub auf Zypern ist, muß deshalb keineswegs ein *schlechter* Urlaub sein.

Nach alledem hätte Gott zwar sicher eine gute Welt ohne Übel, nicht aber auch die bestmögliche Welt erschaffen können. Die große Frage ist, ob er eine Welt ohne Übel hätte erschaffen können, die nicht nur gut, sondern die mindestens ebenso gut wie die tatsächliche Welt ist. Das hängt, wie wir sahen, davon ab, ob eine solche Welt logisch möglich und deshalb prinzipiell für einen allmächtigen Gott erschaffbar ist. Leider kann man nicht immer so einfach wie in den obigen Beispielen (S. 90) feststellen, ob die Vorstellung einer bestimmten Welt einen logischen Widerspruch enthält oder nicht. Hinzu kommt, daß die Menschen aus ideologischen Gründen nicht selten Auffassungen vertreten, die sich eigentlich bei geringem Nachdenken als logisch widersprüchlich erweisen lassen. Man betrachte etwa die in der Frage des Embryonenschutzes in unserer Gesellschaft von weiten Kreisen gleichzeitig vertretenen Positionen: 1. Man darf unschuldige Menschen nicht töten; 2. Embryonen sind nicht nur unschuldige Wesen, sondern auch Menschen; 3. Schwangere dürfen in den ersten Monaten eine Abtreibung vornehmen. Man sollte meinen, daß jeder Hauptschüler einen derart eklatanten logischen Widerspruch erkennen müßte! Auf unsere führenden Juristen jedoch scheint dies nicht zuzutreffen.

Ist die Situation in der Frage des Theodizee-Problems vielleicht eine ähnliche? Oder sind die Atheisten einfach nicht bereit zu der Einsicht, daß sämtliche partiellen Übel in unserer insgesamt guten Welt durchaus eine logisch notwendige Funktion haben? Seit langem haben Theisten sogar durch *mehrere* Brückenthesen zu demonstrieren versucht, daß jene Übel oder negativen Phänomene, die unsere Welt enthält, nicht nur tatsächlich der Herbeiführung größerer Güter oder positiver Phänomene dienen – nur dies zu zeigen wäre unzureichend –, sondern daß es geradezu *logisch ausgeschlossen,* also auch für einen allmächtigen Gott unmöglich ist, ohne Inkaufnahme der betreffenden Übel eine mindestens ebenso gute Welt wie unsere Welt zu erschaffen. Die wichtigsten und verbreitetsten dieser Brückenthesen sollen im folgenden erörtert werden.

Bevor wir uns den einzelnen Brückenthesen zuwenden, wollen wir jedoch eine wichtige Unterscheidung treffen zwischen zwei verschiedenen Arten von Übeln, die wir in der Welt vorfinden.

Da ist zum einen das *moralische* Übel. Dieses Übel besteht in unmoralisch-schuldhaftem Handeln menschlicher (oder anderer personaler) Wesen *oder* in den Auswirkungen solchen Handelns. Das moralische Übel umfaßt also insbesondere Handlungen aus Haß, Sadismus, Grausamkeit, Neid, Habgier, Rücksichtslosigkeit *sowie* deren unheilvolle Auswirkungen. Dem steht gegenüber das *natürliche* Übel. Dieses Übel ist all jenes Übel, das *nicht* oder jedenfalls nicht ausschließlich als moralisches Übel im genannten Sinn betrachtet werden kann. Das natürliche Übel umfaßt also solche Phänomene wie Krankheiten, Seuchen oder Naturkatastrophen. Insofern stellt etwa eine Krankheit, die ein Arzt aus Fahrlässigkeit zu heilen unterläßt, sowohl ein natürliches als auch ein moralisches Übel dar.

Die Unterscheidung zwischen diesen beiden Arten von Übeln ist im Rahmen des Theodizee-Problems nicht nur traditionell üblich; sie ist auch sinnvoll, weil die beiden Arten von Übeln zu teilweise unterschiedlichen Problemstellungen führen. Wir beginnen unsere Erörterung mit dem Problem des natürlichen Übels. Dabei sind einige der Brückenthesen, die wir im folgenden behandeln, so allgemein gefaßt, daß sie sich auf das moralische Übel übertragen lassen.

1. Die Grausamkeiten der Natur

Hätte ein sowohl allmächtiger als auch allgütiger Gott die Welt nicht so geschaffen, daß die Menschheit von so offenkundigen Übeln wie Krebskrankheit, Malariafieber und Erdbeben – samt ihren zum Teil katastrophalen Folgen – verschont geblieben wäre? Man fragt sich, welchen wichtigeren Gütern, die ohne diese Übel nicht existieren können, diese Übel dienen.

a) *Die Einheit der Naturgesetze.* Diese Übel, so lautet eine wichtige Brückenthese der Theisten, sind eine traurige Folge der Naturgesetze, die die Welt beherrschen. Daß die Welt von Naturgesetzen beherrscht wird, ist für den Menschen jedoch alles in allem positiv. Man stelle sich einmal eine Welt vor ohne Naturgesetze, also ohne Regelmäßigkeiten, denen die Natur in ihrem Ablauf unterliegt: Der Mensch könnte sich in keiner Weise rational auf die ihm bevorstehende Zukunft einstellen, da alle natürlichen Bedingungen und Begleitumstände seines Handelns allein vom Zufall geprägt wären. Eine solche Welt aber wäre, so der Theist, deutlich schlechter als die tatsächliche Welt mit ihren natürlichen Übeln.

Dieses Argument ist aus verschiedenen Gründen nicht stichhaltig. Zum ersten läßt sich durchaus bestreiten, daß eine Welt *mit* Naturgesetzen gegenüber einer Welt *ohne* Naturgesetze unbedingt vorzugswürdig ist. Denn es bestünde für einen allmächtigen Gott ja durchaus die Möglichkeit, *jedes einzelne* Naturereignis gesondert zum Wohl des Menschen zu gestalten. Unter diesen Umständen aber brauchte der Mensch sich selber um eine vernünftige Zukunftsvorsorge gar keine Gedanken zu machen; er könnte seiner Zukunft einfach mit gläubigem Vertrauen und gespannter Neugier entgegensehen.

Zum zweiten aber ist nicht einzusehen, daß selbst eine Welt *mit* Naturgesetzen nicht andere, und zwar bessere Naturgesetze haben könnte als die tatsächliche Welt. Wir müssen uns in diesem Zusammenhang vor Augen halten, daß ein allmächtiger Schöpfergott *jedes beliebige* Naturgesetz in Geltung setzen kann, solange zwischen den von ihm vorgesehenen Naturgesetzen kein logischer Widerspruch besteht. Warum also hat Gott, sofern er tatsächlich allgütig ist, sich nicht für solche Naturgesetze entschieden, die *nicht* zu so manifesten Übeln wie Krebs, Malaria oder Erdbeben führen? Oder führen dieselben Naturgesetze etwa auch zu irgendwelchen Gütern – und zwar zu Gütern, die die genannten Übel überwiegen? Und wenn sie tatsächlich zu solchen Gütern führen, wäre es dann nicht logisch möglich gewesen, diese Naturgesetze so zu *modifizieren*, daß die Übel vermieden worden wären?

Man betrachte folgendes Beispiel. Etwa eine Million Menschen sterben jährlich an Malaria nur deshalb, weil gewisse Insektenarten die Krankheit übertragen. Welche höheren Güter aber sind mit der Existenz dieser Insektenarten bzw. mit dem Naturgesetz, das für ihre Existenz verantwortlich ist, untrennbar verbunden? Natürlich können wir nicht definitiv ausschließen, daß es solche Güter gibt. Irgendwelche Evidenz für ihr Vorhandensein haben wir jedoch auf dem gegenwärtigen Stand unseres Wissens nicht.

Der zur Zeit führende deutsche Theologe in Sachen Theodizee, Armin Kreiner, äußert zur Verteidigung der vorliegenden Brückenthese die Vermutung, daß «die Gesamtheit der Naturgesetze kein beliebig kombinierbares Konglomerat, sondern eine geschlossene Einheit bildet», und folgert daraus: «Regionale Optimierungen einzelner Naturgesetze wären dann gar nicht durchführbar ohne weitreichende bzw. globale Konsequenzen für die Beschaffenheit der Welt im ganzen.» Mit anderen Worten: Nicht nur *bestimmte* Naturgesetze sind logisch voneinander abhängig, sondern schlechthin *sämtliche* in unserer Welt geltenden Naturgesetze. Dies heißt zwar nicht, daß Gott nicht auch eine andere Welt als die tatsächliche Welt hätte erschaffen können. Es heißt aber, daß diese andere Welt nur eine in jeder Beziehung, eine *radikal* andere Welt sein könnte, also vermutlich eine Welt, in der es weder Menschen noch auch nur «menschenähnliche Wesen» gäbe (so Kreiner III, S. 156).

Eine solche andere Welt aber wäre, wie für Kreiner offenbar feststeht, eine jedenfalls alles in allem schlechtere Welt als die tatsächliche Welt. Diese Annahme erscheint jedoch ohne nähere Kenntnis der vielen anderen möglichen Welten rein spekulativer Natur. Und außerdem hängt sie natürlich von einem Werturteil ab – einem Werturteil, das nicht unbedingt im selben Maß konsensfähig ist wie etwa das Werturteil, daß die Malariakrankheit als solche ein Übel ist.

Dies ist aber nicht mein Haupteinwand gegen das Argument Kreiners. Mein Haupteinwand ist vielmehr dieser: Die Behauptung, daß die Gesamtheit der geltenden Naturgesetze tatsächlich im erläuterten Sinn eine «geschlossene Einheit» bildet, ist eine reine *Ad-hoc-Annahme*, das heißt eine Annahme, für die nichts spricht – abgesehen davon, daß sie der Theodizee zu Hilfe kommt. Wer mit der Annahme Kreiners das Theodizee-Problem lösen möchte, müßte jedoch von dieser Funktion selbst *unabhängige* Gründe für sie vorweisen können.

Wenn es solche Gründe wirklich gäbe, würden aber wohl kaum – um zu unserem Malariabeispiel zurückzukommen – derzeit Wissenschaftler guten Gewissens daran arbeiten, die betreffenden Insektenarten auszurotten bzw. gentechnisch so umzupolen, daß sie die Krankheit nicht mehr übertragen können. Daß mit jeder endgültigen Ausmerzung eines natürlichen Übels durch den Menschen auch die Existenz des Menschen selbst, ja aller denkbaren «menschenähnlichen Wesen» auf dem Spiel steht, erscheint bei realistischer Betrachtung als eine geradezu phantastische und völlig willkürliche Annahme. Was aber der Mensch im Zuge technischer Entwicklung erreichen kann, das hätte ein allmächtiger Gott doch auch bereits im Zuge der Schöpfung bewirken können!

b) *Die Kompensation im Jenseits.* Wenden wir uns einer weiteren Brückenthese zu, wonach die Übel dieser Welt für die davon Betroffenen im Jenseits eine mehr als angemessene Kompensation finden. Diese These wird weniger von gelernten Theologen und Philosophen als vielmehr von gläubigen Laien vertreten. Sie ist mindestens zwei gravierenden Einwänden ausgesetzt (eindringlich Streminger, S. 298 ff.). Zum einen ist sie offenkundig auf die Annahme angewiesen, daß es ein im Vergleich zum Diesseits wesentlich erfreulicheres Jenseits für die Menschen wirklich gibt. Mit dieser zusätzlichen Annahme, die in der Annahme der Existenz Gottes nicht etwa schon enthalten ist, haben wir uns unter anderem Aspekt bereits beschäftigt (S. 79 ff.). Da es für sie kaum hinreichende, von der Theodizee-Problematik unabhängige Gründe gibt, haben wir es auch hier wieder mit einer zur Lösung dieser Problematik unbrauchbaren Ad-hoc-Annahme zu tun.

Der zweite, in jedem Fall schlüssige Einwand lautet folgendermaßen: Das angeführte Argument stellt bei genauerem Zusehen schon im Ansatz gar keine geeignete Brückenthese dar. Denn selbst durch ewige Himmelsfreuden werden die irdischen Übel ja nicht nachträglich ungeschehen gemacht. Es müßte deshalb zumindest der Versuch gemacht werden zu zeigen, daß diese Himmelsfreuden auf die irdischen Übel in irgendeiner Weise im Sinn einer *zwingenden Voraussetzung* angewiesen sind. Nur dann würde sie ja ein ebenso allmächtiger wie allgütiger Gott verursachen (vgl. oben S. 89). Ein angeblich idealer Koch, dem die Vorspeise mißlingt, verliert auch dann seinen Ruf, wenn das Hauptmenü ein voller Erfolg wird.

c) *Die Schönheit des Weltalls.* Theoretisch interessanter ist in dieser Hinsicht die folgende Brückenthese, die ästhetischer Natur ist. Sie lautet, daß jene Übel (natürlicher wie auch moralischer Art), die unsere Welt enthält, im Wege des Kontrastes und der Ergänzung zum optimalen Gesamtbild dieser Welt einen unverzichtbaren Beitrag leisten. So vertritt etwa Aurelius Augustinus die Meinung, daß Gott sich der Übel der Welt in der Weise «zum Nutzen des Guten» bedient, daß diese Übel «das geordnete Weltganze wie ein herrliches Gedicht gewissermaßen mit allerlei Antithesen ausschmücken». Auf diese Weise bewirke Gott durch die «Gegenüberstellung von Gegensätzen die Schönheit des Weltalls» (Augustinus, S. 29 f.).

Wenn man diese Brückenthese unter rein ästhetischem Aspekt betrachtet, mag sie einiges für sich haben: Sicherlich enthalten manche Kunstwerke wie Gedichte, Gemälde oder Sinfonien einzelne Partien, die isoliert betrachtet abstoßend, häßlich oder dissonant wirken, sich bei einer Würdigung des gesamten Werkes jedoch als unverzichtbare Voraussetzungen für dessen Qualität erweisen. Insofern könnten wir es hier tatsächlich mit einer stichhaltigen Brückenthese zu tun haben. Trotzdem bleiben zwei gewichtige Bedenken bestehen.

Zum ersten muß man das ästhetische Werturteil von Augustinus nicht unter allen Umständen teilen: Nach meinem eigenen ästhetischen Empfinden jedenfalls gewinnt das Weltall durch Ereignisse wie Erdbeben oder Kriege mit jeweils Hunderttausenden von Toten und Verletzten nicht unbedingt an «Schönheit». Die «Antithese» von Land und Meer etwa in der griechischen Inselwelt erscheint mir für die Schönheit der Welt ausreichend. Doch weder das Werturteil des Augustinus noch mein abweichendes Werturteil kann eine objektive Gültigkeit beanspruchen.

Zum zweiten aber – und dies ist der entscheidende Punkt – erweist sich Gott aufgrund dieser Brückenthese allenfalls als ein genialer *Künstler.* Meinen wir aber nicht primär etwas anderes, wenn wir von Gott als einem *allgütigen* Gott sprechen? Heißt dies nicht –

in erster Linie oder zumindest auch –, daß Gott allgütig im Sinn einer humanen, den Menschen dienlichen *Moral* ist (vgl. S. 56 f.), daß er also insbesondere die Menschen nicht grundlos – *moralisch* grundlos! – leiden läßt? Schließlich würden wir wohl kaum einen Theaterregisseur als einen «guten Menschen» bezeichnen, dem es gelingt, eine künstlerisch perfekte Inszenierung dadurch zu erreichen, daß er mit diktatorischen Mitteln die Schauspieler zwingt, jene Mißhandlungen und Qualen, die in dem Stück vorkommen, realiter auszuführen bzw. zu erdulden.

d) *Die Alternative des Schlaraffenlands.* Dies ist die Brückenthese, die auf den ersten Blick vermutlich die größte Plausibilität besitzt. Die Theisten, die sie vertreten, fordern die Atheisten auf, die tatsächliche Welt einschließlich ihrer Übel in der Vorstellung mit einer völlig übel- bzw. leidensfreien Welt auf realistische Weise zu vergleichen und dann die Frage zu beantworten, ob die letztere Welt tatsächlich den Vorzug verdient. Diese letztere Welt, so behaupten die Vertreter dieser These, wäre nichts anderes als ein «Schlaraffenland ungetrübter Lust und Freude» (Kreiner II, S. 165). Und zwar wäre dieses Schlaraffenland identisch mit einer rein «hedonistischen Welt» – mit einer Welt nämlich, in der Gott «den natürlichen Ereignisablauf stets zu unseren Gunsten steuern» würde (Kreiner IV, S. 107), in der deshalb auch «unsere Kinder niemals das Bedürfnis entwickeln werden, ihre Umwelt zu ergründen und zu erforschen», da sie dazu «überhaupt keinen Anlaß haben». Vor allem wäre dies eine Welt, in der für «Werte wie Rücksichtnahme, Selbstlosigkeit und Mitgefühl» kein Platz, weil kein Bedarf ist (Kreiner II, S. 165).

Dieses hedonistische Schlaraffenland aber ist für die Anhänger dieser Brückenthese der tatsächlichen Welt mit ihren vielfältigen Herausforderungen und Bewährungsmöglichkeiten wertmäßig eindeutig unterlegen. Denn ohne Herausforderungen und Gefahren könnte es ja auch die soeben genannten moralischen Tugenden nicht geben. Diese Tugenden aber wiegen jene Übel, die zu ihrer Ausbildung unverzichtbar sind, mehr als auf. Insofern ist die tatsächliche Welt mit ihren Übeln alles in allem eine bessere Welt als die Alternative eines hedonistischen Schlaraffenlands. Gott hat sich also für die bessere der beiden Möglichkeiten entschieden.

Auf diese Brückenthese werden die Leser wahrscheinlich sehr unterschiedlich reagieren: Einige werden ihr spontan zustimmen, andere werden sie spontan ablehnen. Und zwar wird sich der Streit vermutlich gerade an der Bewertungsfrage entzünden, welche der beiden Welten die bessere sei. In der Tat erscheint mir diese Frage objektiv nicht entscheidbar. Es dürfte keine allgemeinen, von jedem vernünftigen Menschen geteilten Wertmaßstäbe geben, aus denen sich ein Urteil pro oder kontra in dieser Frage ableiten läßt. Denn es geht ja nicht allein darum, ob die genannten Tugenden als solche einen Wert besitzen, sondern auch darum, ob ihr Wert so groß ist, daß er die Übel dieser Welt mehr als aufwiegt. Jeder möge diese Frage für sich selbst entscheiden.

Meine eigentlichen Einwände gegen diese Brückenthese sind jedoch derart, daß sie selbst dann greifen, wenn man in der angesprochenen Bewertungsfrage dem Theisten recht gibt. Sie beruhen darauf, daß der Theist in seiner Brückenthese die beiden alternativen Welten in wesentlicher Hinsicht *unzureichend beschrieben* hat.

Zunächst einmal: Der überragende Wert der genannten Tugenden kann voraussetzungsgemäß nur jene Übel rechtfertigen, die zur Ausbildung dieser Tugenden entweder tatsächlich führen oder nach Lage der Dinge zumindest führen *könnten*. Dies trifft beispielsweise auf den Fall eines Kindes zu, das bei einer Überschwemmung zu ertrinken droht und das ein Erwachsener mit einiger Anstrengung aus Mitgefühl retten kann. Viele Fälle natürlichen Übels sind ohne Zweifel dieser Art. Es gibt aber auch ganz andere Fälle natürlichen Übels, die selbst bei maximalem Einsatz *überhaupt kein Mensch wirksam beseitigen kann*.

Wie viele unschuldige Kinder sind auf der Welt wohl schon an Malaria oder Krebs gestorben, ohne daß irgendein Arzt ihnen auch nur helfen *konnte*? Warum also hat ein allmächtiger und allgütiger Gott nicht zumindest jene Übel aus seinem Weltentwurf gestrichen, die für die Kultivierung der in Frage kommenden Tugenden insofern gar keine Funktion haben, als selbst der hilfsbereiteste und selbstloseste Mensch ihnen ganz rat- und hilflos gegenübersteht? Vermutlich würde Kreiner dem entgegenhalten, daß in derartigen Fällen eben der Einsatz von Menschen in Forschung und Wissenschaft gefragt sei, um eines Tages auch diese Übel in den Griff zu bekommen. Schließlich habe beispielsweise die Medizin ja schon etliche Übel in Form von Krankheiten erfolgreich besiegt.

Diese Verteidigung wirft jedoch neue Fragen auf. Zum einen: Will der Theist wirklich so weit gehen, mit Hilfe der vorliegenden

Brückenthese auch solche Übel zu rechtfertigen, die – nachdem bereits Millionen von Menschen unter ihnen gelitten haben – erst nach Jahrhunderten zivilisatorischer Entwicklung eines Tages wirksam bekämpft werden können? Wie viele Menschen haben denn überhaupt von Gott die intellektuellen Fähigkeiten erhalten, sich durch Beteiligung etwa an der Krebsforschung irgendwelche moralischen Meriten zu erwerben?

Zum zweiten: Ist die Annahme, daß tatsächlich *alle* unserer heute noch nicht zu bewältigenden natürlichen Übel bei ausreichender Anstrengung eines Tages zu bewältigen sind, nicht wiederum eine typische Ad-hoc-Annahme, also eine Annahme, die unabhängig von dem Anliegen, den Theismus zu verteidigen, kein vernünftiger Mensch machen würde? Werden wir wirklich eines Tages nicht nur Krankheiten wie Krebs, sondern auch Naturkatastrophen wie Erdbeben, Überschwemmungen und Orkane wirksam in den Griff bekommen?

Selbst wenn man im Sinn der vorliegenden Brückenthese die oben (S. 97) vorausgesetzte Bewertung mitmacht, so hat nach alledem der Theist doch keine überzeugende Antwort auf die Frage: Warum hat ein allmächtiger sowie allgütiger Gott die Welt nicht wenigstens so eingerichtet, daß sie nur solche natürlichen Übel enthält, die vom Menschen jedenfalls bei maximaler Anstrengung auch tatsächlich bewältigt werden können? Welchem erkennbaren Gut dienen all die restlichen natürlichen Übel?

Es gibt jedoch noch einen weiteren, in jedem Fall durchgreifenden Einwand gegen die vorliegende Brückenthese, der ebenfalls damit zusammenhängt, daß die Vertreter dieser These die Alternative der beiden Welten, mit deren Vergleich sie operieren, unzureichend beschreiben. Und zwar präsentieren sie in ihrem Vergleich eine Alternative, die entgegen ihrer Behauptung gar keine *erschöpfende* Alternative ist, sondern eine weitere, *dritte* Möglichkeit offenläßt. Die Strategie der Theisten besteht hier in dem Versuch, uns eine Entscheidung aufzuzwingen, die in Wahrheit gar nicht zwingend ist. Wer dies durchschaut hat, fühlt sich erinnert an die Unterstellung, man habe nur die Wahl, sich entweder *für Gott* oder *gegen die Moral* zu entscheiden (siehe S. 51 f.). Worum geht es?

Es ist definitiv falsch, daß die einzig mögliche Alternative zu der tatsächlichen Welt mit ihrem Übel und dem damit verbundenen Leiden ein «hedonistisches Schlaraffenland» ist – also ein Land, in dem sich (nach der Definition des *Duden*) «Schlemmer und Faulenzer» nichts anderem als der Lust und dem Vergnügen hingeben. Eine solche Welt ist in der Tat *eine*, aber keineswegs die *einzige* mögliche Alternative. Wie könnte eine weitere mögliche Alternative, also eine – neben der tatsächlichen Welt und dem Schlaraffenland – «dritte» Welt aussehen?

Nach meiner Auffassung könnte diese «dritte» Welt etwa so aussehen: Es gibt zwar – wie im Schlaraffenland – keine unheilbaren Krankheiten und keine Naturkatastrophen, die dem Menschen mehr oder weniger furchtbare Leiden zufügen. Auch ist ein geringes Maß an Arbeit, die zudem als angenehm empfunden wird, für jeden Menschen ausreichend, um ihm ein langes und gesundes Leben zu sichern. Gleichwohl ist jeder Mensch – ganz anders als im Schlaraffenland – dazu in der Lage, sich ein *mehr* oder *weniger* glückliches und erfülltes Leben zu verschaffen. Und unter diesem Aspekt ist er durchaus darauf angewiesen, nachzudenken und Pläne zu schmieden, sich anzustrengen und hart zu arbeiten, zugunsten größerer Projekte auf manche momentane Befriedigung zu verzichten, mit anderen Menschen Absprachen zu treffen und zu kooperieren etc. Außerdem hat er natürlich auch die Möglichkeit, aus bloßem Altruismus *andere* Menschen bei *ihren* entsprechenden Bemühungen zu ermutigen und zu unterstützen.

An dem Bild, das ich hier vor Augen habe, ist absolut nichts Mysteriöses. Einige wenige Menschen, die vom Glück begünstigt sind, sind ja sogar in der tatsächlichen Welt dazu in der Lage, ihr Leben weitgehend wie in dieser «dritten» Welt zu gestalten. Auch ohne von irgendwelchen Übeln heimgesucht zu sein, bleibt es ihnen – ihren jeweiligen Fähigkeiten und Talenten entsprechend – überlassen, ob sie etwa nur vor dem Fernseher sitzen oder sich auch die Landschaft erwandern, ob sie nur Mühle oder auch Schach spielen, ob sie nur Schallplatten hören oder auch – vielleicht gemeinsam mit anderen – musizieren und so fort. Man braucht bestimmt kein Immanuel Kant oder Albert Einstein zu sein, um auch in der «dritten» Welt ein Leben führen zu können, das mit dem Leben eines faul dahinlebenden Genießers wenig zu tun hat. Wie wir schon sahen (S. 91), kann es ja ohne weiteres Grade oder Abstufungen eines guten Lebens geben, ohne daß *irgendeines* der betreffenden Leben das geringste *Übel* enthalten müßte.

Schon Hume führte aus, daß die Behauptung des Theisten, das Übel sei gerechtfertigt durch seine positiven Auswirkungen auf das Bemühen der Menschen um Selbsterhaltung und Gesundheit, alles andere als schlüssig ist. Denn selbst dann, wenn diese Werte den Menschen nicht von selbst in den Schoß fallen, könnte die Welt doch ohne weiteres so beschaffen sein, daß die Menschen in den betreffenden Situationen «statt Schmerz eine Verminderung ihres Vergnügens empfinden und dadurch bewogen werden, sich um das zu kümmern, was sie zum Leben brauchen». Das aber bedeutet: «Alle Lebewesen könnten ständig in einem Zustand des Vergnügens sein» (Hume I, S. 110) – wobei diese Form von abgestuftem Vergnügen, wie gesagt, sehr vielfältiger Natur sein kann. Was ließe sich gegen eine solche Welt wohl einwenden?

Besonders die Behauptung, daß in einer Welt ohne Übel Kinder kein Bedürfnis haben könnten, ihre Umwelt zu «erforschen», und daß in dieser Welt eine Tugend wie «Selbstlosigkeit» keinen Platz hätte (siehe oben S. 97), ist schlichter Unsinn. Als ob jede Forschung und jede geistige Betätigung nur dem einen Ziel dienen könnten, natürliche Übel zu bekämpfen! Und als ob man aus Selbstlosigkeit andere Menschen nur von Leiden befreien oder heilen, nicht aber in logischem Denken schulen, durch Städte wie Rothenburg ob der Tauber führen oder für die Musik Johann Sebastian Bachs begeistern könnte!

Die von mir skizzierte «dritte» Welt war für einen allmächtigen Gott ganz offensichtlich nicht nur möglich; dieser Gott hätte sie, wenn er gewollt hätte, auch ohne weiteres und ohne jede erkennbare Einbuße an Wert erschaffen können. Hätte sie also ein Gott, der außer allmächtig auch allgütig, ja «die Liebe» ist (1 Johannes 4,8), nicht auch eher als die tatsächliche Welt erschaffen *müssen*? Denn ist die «dritte» Welt nicht im Vergleich *sowohl* mit der tatsächlichen Welt *als auch* mit einem «hedonistischen Schlaraffenland» eindeutig höher zu bewerten? Wer selbst unter diesen Umständen noch bereit ist, der tatsächlichen Welt den ersten Preis zu verleihen, mag dies tun. Den meisten Menschen dürfte eine solche Entscheidung, wenn sie sich auch nur als einziges Übel die Tatsache vor Augen führen, daß in der tatsächlichen Welt *täglich* etwa 30 000 unschuldige Kinder jämmerlich an Krankheit oder Hunger sterben, nicht leichtfallen.

So erhebend für manche Menschen die Vorstellung auch sein mag, sich vor Gott im Kampf gegen die Leiden der Welt bewähren zu können: Mir würde es ausreichen, mich in einer Welt *ohne* sterbende Kinder lediglich im Kampf gegen gewisse Irrlehren bewähren zu können. Wenn Theisten wie Kreiner nicht befürchten müßten, daß wohl jeder die «dritte» Welt der tatsächlichen Welt deutlich vorziehen würde, würden sie uns kaum ihr «hedonistisches Schlaraffenland» so hartnäckig als einzige Alternative zur tatsächlichen Welt einzureden suchen.

Ein letztes, für den Theisten kaum lösbares Problem im Bereich des natürlichen Übels: Wie steht es mit den auf natürlichen Ursachen beruhenden, weltweit immensen Leiden der Tiere? Auch Tiere werden ja bekanntlich Opfer aller möglichen Naturkatastrophen und Krankheiten; und außerdem gebietet ihnen ihr Instinkt ein nicht geringes Maß an gegenseitiger Malträtierung. Natürlich sind Tiere kaum geeignete Kandidaten für unsere «dritte» Welt. Für sie wäre wohl tatsächlich eine Art von Schlaraffenland die beste Alternative zur tatsächlichen Welt. Würde Kreiner auch hier einwenden wollen, daß diesen Wesen in dieser alternativen Welt die Möglichkeit zur Entfaltung ihrer geistigen und moralischen Fähigkeiten vorenthalten bliebe? Wohl kaum; denn Tieren fehlen diese Fähigkeiten ja ganz oder weitgehend. Jedenfalls sind sie kaum dazu in der Lage, ihr Los durch eine bewußte Entfaltung dieser Fähigkeiten zu verbessern. Hätte also ein ähnliches «Schlaraffenland», wie es seit siebzehn Jahren einer Katze in meinem Haus und Garten zur Verfügung steht, nicht ein allmächtiger und allgütiger Gott *sämtlichen* Tieren auf dieser Erde eingerichtet?

Bislang scheint keinem Theisten eine auch nur halbwegs befriedigende Erklärung gelungen zu sein, durch die sich die natürlichen Übel dieser Welt mit der Existenz eines allmächtigen und allgütigen Gottes, der diese Welt erschaffen hat und erhält, in Einklang bringen lassen.

2. Die Verbrechen der Menschen

Ist aber die Tatsache, daß es in dieser Welt auch eine Fülle von *moralischem* Übel gibt, nicht ebenfalls unvereinbar mit der Annahme des Theisten, daß diese selbe Welt die Schöpfung eines sowohl allmächtigen als auch allgütigen Gottes ist? Ein häufig angeführtes Beispiel ist hier der von Adolf Hitler und seinen Schergen zu verantwortende Holocaust. Beweist die offenbare Tatsache, daß Gott den Holocaust zuließ, nicht schlüssig, daß dieser Gott ihn entweder nicht verhindern *konnte*, daß er also nicht allmächtig ist, oder daß er ihn nicht verhindern *wollte*, daß er also, bar jeden Mitgefühls für die zahllosen Opfer, nicht allgütig ist? Ja, mehr noch: Hat Gott, der als Ursprung der Welt alle Ereignisse in der Welt *letztlich* verursacht hat, den Holocaust nicht sogar in dem Sinn zu verantworten, daß er ihn nicht nur nicht verhindert, sondern daß er ihn dadurch, daß er jemanden wie Hitler erschuf, sogar aktiv herbeigeführt hat?

Es gibt im Grunde nur eine einzige Brückenthese, mit deren Hilfe Theisten seit jeher versucht haben, speziell das moralische Übel mit der Existenz Gottes zu vereinbaren: die Behauptung der menschlichen *Willensfreiheit* und des das moralische Übel übertreffenden *Wertes* dieser Willensfreiheit. Man argumentiert wie folgt. Gott hat die Menschen geschaffen mit einem freien Willen. Das bedeutet, daß die Menschen sich sowohl für das moralisch Gute wie für das moralisch Schlechte frei entscheiden können. Natürlich hätte Gott die Menschen auch ohne einen freien Willen erschaffen können, nämlich als eine Art von «programmierten Robotern oder Marionettenfiguren» (so Kreiner II, S. 150), die stets das moralisch Gute tun. Eine Welt mit freien Menschen ist aber eine deutlich bessere Welt als eine Welt mit menschlichen Robotern. Denn der Wert, der in der Willensfreiheit liegt, überwiegt sämtliche moralischen Übel, die der schlechte Gebrauch der Willensfreiheit durch die Menschen mit sich bringt. Das Phänomen des moralischen Übels ist nichts anderes als eine zwar als solche negative, aber leider unvermeidbare, weil logisch notwendige Begleiterscheinung des hohen Gutes der menschlichen Willensfreiheit.

Wenn man mit dieser Brückenthese konfrontiert wird, drängt sich spontan die Frage auf, ob eine Welt ohne menschliche Willensfreiheit wirklich schlechter wäre als die tatsächliche Welt mit solchen moralischen Übeln wie dem Holocaust. Dies hängt angesichts des ohne Zweifel immens *negativen* Werts solcher Übel natürlich davon ab, wie *hoch* man demgegenüber den *positiven* Wert der menschlichen Willensfreiheit zu veranschlagen bereit ist. Die Vermutung ist naheliegend, daß über eine so ausgefallene Wertungsfrage ein rational vermittelter Konsens zwischen den beiden Positionen gar nicht erreichbar ist. Ich könnte mir allerdings vorstellen, daß sogar ein Theologieprofessor wie Kreiner, was den Wert der

Willensfreiheit Hitlers angeht, dann ins Grübeln käme, wenn er selbst und seine Kirchenoberen die Opfer wären.

Jedenfalls bin ich der Auffassung, daß die Chancen für einen *weitgehenden* Konsens in der Beurteilung dieser Brückenthese nicht schlecht stehen müssen unter einer ganz bestimmten Voraussetzung – der Voraussetzung nämlich, daß man sich über jene Willensfreiheit, die zu bewerten ist, zuvor ein *adäquates, realitätsgerechtes* Bild gemacht hat. Und zwar muß dieses Bild sowohl die sprachliche Bedeutung als auch den tatsächlichen Umfang jener Willensfreiheit betreffen. Theisten haben, was diese Fragen angeht, oft eine sehr dogmatische und wenig realitätsgerechte Vorstellung.

Was bedeutet es zu sagen, daß der Mensch eine Willensfreiheit oder einen freien Willen hat? In einem moralischen Kontext wird die Willensfreiheit sinnvollerweise in einem doppelten Sinn verstanden: als Freiheit, sich für eine bestimmte Handlung zu entscheiden (Entscheidungsfreiheit), sowie als Freiheit, diese Handlung auch auszuführen (Handlungsfreiheit im Sinn von Handlungsmöglichkeit). Ohne Handlungsfreiheit wäre moralisches bzw. unmoralisches Handeln ja nicht möglich. Meine Entscheidung etwa, die Politik des amerikanischen Präsidenten in einem bestimmten Sinne zu beeinflussen, ist offenbar ohne moralische Relevanz, da ich diese Politik gar nicht beeinflussen *kann*. Ein realistischer Mensch wird deshalb derartige Entscheidungen erst gar nicht treffen. Wir können eine Willensfreiheit, die Entscheidungs- wie Handlungsfreiheit umfaßt, auch schlicht als «Freiheit» bezeichnen. Inwieweit besitzt der Mensch eine solche Freiheit?

Zweifellos besitzt der Mensch ein beträchtliches Maß an moralisch hochgradig relevanter *Handlungsfreiheit*. Er kann zum Beispiel ein Kleinkind mit seinen Händen sowohl vor dem Ertrinken retten als auch zu Tode prügeln. Allerdings ist die Handlungsfreiheit des Menschen keine unbegrenzte. Er kann zum Beispiel nicht einen Mitmenschen durch freundliche Worte vom Krebs heilen oder durch beleidigende Worte töten. Wichtig ist in diesem Zusammenhang: Nicht alle Menschen haben in jeder Hinsicht *dieselbe* Handlungsfreiheit. Ein Mensch wie ich kann zum Beispiel – ganz gleich, welche Entscheidungen er trifft – weder einen Erfolgsroman schreiben noch einen Krieg auslösen. Und nur sehr wenige Menschen haben oder hatten etwa – wie Hitler oder Stalin – die Handlungsfreiheit, Millionen anderer Menschen den Tod zu bereiten.

An diesem Punkt wird mancher Leser die Frage stellen: Selbst wenn die menschliche Freiheit generell einen sehr hohen Wert darstellt: Warum mußte die Freiheit gerade eines Adolf Hitler so weit gehen, daß er den Holocaust durchführen konnte? Die Standardantwort des Theisten auf diese Frage lautet: Auch ein allwissender Gott kann nur vorauswissen, was zu wissen logisch möglich ist. Es ist jedoch logisch unmöglich, im vorhinein zu wissen, welchen Gebrauch ein Mensch von seiner Freiheit macht; außer seiner enorm großen Handlungsfreiheit hatte Hitler ja immer noch die eigene *Entscheidungsfreiheit*, auf den Holocaust auch zu verzichten. Also konnte niemand, auch Gott nicht, den Holocaust als historische Tatsache vorauswissen. Darum wäre es verfehlt zu sagen, Gott habe den Holocaust moralisch zu verantworten; die Verantwortung für den Holocaust trägt allein Hitler. – Diese Antwort führt in das Zentrum der Problematik des moralischen Übels. Sie ist verschiedenen gravierenden Einwänden ausgesetzt.

1. Es läßt sich einfach nicht bestreiten, daß ein allmächtiger sowie allwissender Gott, ohne dessen Willen nach christlichem Verständnis nicht einmal ein Spatz zur Erde fällt (Matthäus 10,29), zumindest in einem *gewissen* Sinn für den Holocaust die Verantwortung trägt. Selbst wenn es zutrifft, daß Gott wegen der Entscheidungsfreiheit Hitlers den Holocaust nicht als sicher voraussehen konnte, so hat er ihn jedenfalls – in Kenntnis der von ihm geschaffenen Naturgesetze – als *möglich* vorausgesehen. Stellt aber die Freiheit eines Menschen, sich für den Mord an Millionen Unschuldiger zu entscheiden, einen derartigen Wert dar, daß diese Freiheit die *vorhersehbare Möglichkeit* solcher «Kollateralschäden» mehr als aufwiegt? Gott hätte die Menschen doch ohne weiteres so erschaffen können, daß sie einander – ebenso wie die Vertreter einiger Tierarten – gar nicht töten *können*. Hätte ein allmächtiger Gott also nicht besser daran getan, die Freiheit des Menschen zum Übeltun etwa auf die Möglichkeiten zu beschränken, seine Mitmenschen zu bespucken oder als «Parasiten» zu beschimpfen? Kreiner ist offensichtlich *nicht* dieser Überzeugung. Er stellt nämlich allen Ernstes die Behauptung auf, daß «*mit dem Ausmaß des Freiheitsspielraums* sowohl das Ausmaß der möglichen Leidzufügung wie auch *die Qualität der davon abhängigen Werte zunimmt*» (Kreiner I, S. 253; Kursivstellung von mir).

Mit anderen Worten: Je mehr Freiheit der Mensch hat, um so besser. Die Welt wäre also *noch* besser als sie tatsächlich ist, wenn Gott jedem von uns etwa die Möglichkeit gegeben hätte, allein durch ein verächtliches Wort einen Mitmenschen zum Krüppel zu machen. Sollte man unter diesen Umständen nicht überlegen, wie sich der schon bestehende, natürliche Freiheitsspielraum der Menschen noch erweitern läßt? Man könnte doch zum Beispiel jeden Schüler beim morgendlichen Betreten der Schule mit einer Waffe ausstatten – verbunden mit dem Hinweis, daß die Schulleitung hoffe und erwarte, daß er sich durch *Verzicht* auf den Gebrauch der Waffe moralisch bewähren werde: Kreiners Bewertung des *Ausmaßes* der menschlichen Freiheit erscheint mir als grotesk.

2. Die Vorstellung, wie eine bessere Welt einschließlich menschlicher Willensfreiheit hätte aussehen können, läßt sich aber noch radikalisieren. Selbst wenn die Freiheit des Menschen, sich moralisch zu bewähren, einen hohen Wert darstellt: Dieser Wert wäre sogar ohne die Möglichkeit zu *irgendeinem* moralischen Übel (samt seinen schlimmen Konsequenzen) zu verwirklichen gewesen. Sogar in unserer tatsächlichen Welt kann sich ja praktisch jeder Mensch allein durch *gute* Taten mehr oder weniger große moralische Verdienste erwerben. Er kann – auch ohne irgend etwas *Schlechtes* zu tun – entweder keinerlei oder wenig oder viel *Gutes* tun, und dies auf vielen unterschiedlichen Gebieten. Auf diese Weise hat er eine breite Skala von Möglichkeiten, sich moralisch auszuzeichnen. Warum muß zu dieser breiten Skala von Möglichkeiten, freiwillig Gutes zu tun, unbedingt noch die weitere Skala von Möglichkeiten hinzukommen, freiwillig eine Vielzahl von (geringfügigen bis hin zu ungeheuren) Übeln auszuführen? Der Leser mag zum besseren Verständnis dieses Einwands die obigen Ausführungen zur Alternative einer «dritten» Welt (S. 100 f.) noch einmal zu Rate ziehen.

3. Selbst wenn die Einwände 1 und 2 nicht stichhaltig sein sollten, so bliebe Gott zumindest die folgende Möglichkeit: Er könnte in einem Fall wie dem des Holocaust, in dem die von ihm zwar nicht beabsichtigten, jedoch durchaus in Kauf genommenen «Kollateralschäden» der Willensfreiheit extreme Ausmaße annehmen, kraft seiner Allmacht ohne weiteres durch ein korrigierendes Wunder in den Weltverlauf eingreifen. Und zwar könnte er dies häufig sogar a) in der Weise tun, daß der Eingriff den Menschen lediglich als Zufall erscheinen muß und insofern ihr Vertrauen in einen gesetzmäßigen Weltverlauf unberührt läßt, und b) zu einem Zeitpunkt tun, der *zwischen* der betreffenden freien Handlung selbst und ihren schlim-

men Auswirkungen liegt, so daß er die Auswirkungen nicht nur bereits mit Sicherheit voraussehen (und also abwenden) kann, sondern daß er außerdem die Handlung selbst als einen dem Täter zuzurechnenden (wenngleich erfolglosen) Versuch in dessen moralisches Schuldregister aufnehmen kann.

4. Ein letzter Einwand hängt unmittelbar mit dem Verständnis der Willensfreiheit als Entscheidungsfreiheit, als Freiheit des *Entscheidens*, zusammen. Man betrachte folgendes Beispiel. Ich habe noch nie ein Kind sexuell mißbraucht und werde dies auch nie tun. Der Grund hierfür liegt einfach darin, daß ich keinerlei *Neigung* zu einer solchen Handlung habe. Trotzdem aber besitze ich offenbar durchaus die *Freiheit*, mich für eine solche Handlung zu entscheiden. Gott hat mir also nicht nur die *Freiheit* zum Kindesmißbrauch geschenkt; er hat mich und meine Neigungen gleichzeitig auch so geschaffen, daß ich keinerlei *Versuchung* zum Kindesmißbrauch habe.

Willensfreiheit und uneingeschränkt moralisches Verhalten sind deshalb, was jedenfalls *meine* Person und *ein* mögliches moralisches Vergehen angeht, ohne jeden inneren Widerspruch miteinander vereinbar. Dieselbe Aussage, die ich soeben über mich in puncto Kindesmißbrauch getroffen habe, dürfte aber auf die große Mehrheit aller Menschen zutreffen. Auch sie hat Gott offenbar so geschaffen, daß ihre Freiheit zum Kindesmißbrauch mit einem in dieser Hinsicht völlig moralkonformen Verhalten ohne weiteres vereinbar ist. Daneben gibt es, wie wir wissen, auch eine Minderheit von Menschen, die eine gewisse Neigung zum Kindesmißbrauch haben; und einige dieser Menschen geben dieser Neigung nach, während andere dieser Menschen ihr tapfer widerstehen. Letztere erwerben sich dadurch natürlich – anders als jemand wie ich, der nie aus moralischer Gesinnung auf Kindesmißbrauch verzichtet hat – vor Gott moralische Meriten.

Warum hat Gott nun aber nicht auch die genannte Minderheit ohne jede Neigung zum Kindesmißbrauch geschaffen? Offenbar war ihm dies möglich, da er ja die Mehrheit tatsächlich so geschaffen hat. Wer diese Frage aber in Ordnung findet, kann bei ihr nicht stehenbleiben, sondern muß die radikale Frage stellen: Warum hat Gott nicht *alle* Menschen so geschaffen, daß sie zu *keinem einzigen* moralischen Vergehen eine Neigung haben und somit auch in keinem einzigen Fall unmoralisch handeln werden? Hätte ein sowohl allmächtiger als auch allgütiger Gott nicht genau so seine Schöpfung eingerichtet? Denn unter diesen Umständen wäre die menschliche Willensfreiheit einschließlich ihres Wertes – nicht anders als *meine* Willensfreiheit in bezug auf den Kindesmißbrauch – doch voll gewahrt geblieben! Oder wäre Kreiner bereit, etwa der Jungfrau und Gottesmutter Maria, die (jedenfalls für einen katholischen Theisten wie ihn) bereits ohne den Makel der Ursünde von ihrer Mutter empfangen wurde und aus diesem Grund in ihrem Leben frei von Sünde blieb (Denzinger, E 6 c), deshalb die *Willensfreiheit* abzusprechen?

Die menschliche Willensfreiheit kann doch nicht nur dann vorhanden sowie von hohem Wert sein, wenn sie gleichzeitig mit einem möglichst großen Maß an *Versuchung* zum moralisch Bösen verbunden ist! Sonst wäre Gott bei der Erschaffung der menschlichen Anlagen und Neigungen, wie das obige Beispiel zeigt, auf halbem Weg stehengeblieben. Die Willensfreiheit aber, die ein Mensch besitzt, ist doch, sofern sie wertvoll ist, nicht nur unter der Voraussetzung wirklich wertvoll, daß er, außer mit der Versuchung zum Kindesmißbrauch, auch noch mit einer Vielzahl anderer Versuchungen täglich, ja stündlich zu kämpfen hat. Ist das in der gegenteiligen Behauptung liegende Werturteil nicht völlig abwegig? Wenn dieses Werturteil aber abwegig ist, wieso soll es dann gleichwohl zum Wert der Willensfreiheit jedenfalls einiger Menschen beitragen können, daß diese Menschen offenbar tatsächlich immer wieder mit der Versuchung etwa zu Raub, Diebstahl und Betrug zu kämpfen haben und nicht selten dieser Versuchung auch erliegen?

Würde ein guter, treusorgender Vater etwa seinen Sohn, der gerade den Führerschein gemacht hat, dazu bewegen, den geplanten Diskobesuch mit dem Auto zu machen, um den Sohn so der Versuchung auszusetzen, mitten in der Nacht betrunken heimzufahren und dabei sein eigenes Leben und das anderer Menschen aufs Spiel zu setzen – und dies mit der tieferen Begründung, dem Sohn auf diese Weise eine hervorragende Chance zur moralischen Bewährung im Kampf gegen das Böse zu verschaffen? Wohl kaum.

Welche Konsequenzen aber müßte der Mensch als Sozialwesen aus der obigen Voraussetzung vom besonderen Wert der moralischen Versuchung innerhalb der göttlichen Schöpfungsordnung ziehen? Müßte unter dieser Voraussetzung nicht jegliche moralische Erziehung sowie jegliche soziale und rechtliche Sanktionierung von Moralverstößen und Verbrechen unterbleiben? Denn durch solche Maßnahmen werden die Menschen ja dazu motiviert, ihre vorhandenen schlimmen Neigungen wegen der drohenden Folgen schon aus Eigeninteresse zu bändigen, ohne daß das hieraus resultierende normkonforme Verhalten mit moralischem Verdienst verbunden ist. Oder würde ein Theist wie Kreiner vielleicht behaupten wollen, der Verzicht etwa auf einen möglichen Diebstahl sei überhaupt nicht das Produkt menschlicher Willensfreiheit, wenn er aus Furcht vor möglicher Strafe erfolgt?

Ganz unbestreitbar hat der Mensch in dem Sinn des Wortes eine *Willensfreiheit,* daß er eine Vielzahl denkbarer Handlungen tatsächlich ausführen kann und daß er außerdem bei der Entscheidung für die Ausführung dieser Handlungen Alternativen mit ihren Folgen in Betracht ziehen und diese Alternativen auf der Basis seiner Bedürfnisse, (egoistischen wie altruistischen) Präferenzen sowie moralischen Ideale auf rationale Weise gegeneinander abwägen kann. Und zwar ist diese Form der menschlichen Willensfreiheit vorhanden ganz unabhängig davon, inwieweit der Mensch in seinem Verhalten letztlich naturgesetzlich determiniert ist. Selbst wenn ein umfassender Determinismus menschlichen Handelns bewiesen wäre (was bis heute nicht der Fall ist), so würde das an der beschriebenen Entscheidungssituation des einzelnen, der jedenfalls nicht sämtliche Voraussetzungen des eigenen Handelns kennen kann, nichts ändern.

Ähnlich wie im Fall der Brückenthese des «Schlaraffenlands» operiert der Theologe Kreiner im Grunde auch im Fall der Brückenthese der Willensfreiheit zur Begründung seiner Theodizee mit einer angeblich zwingenden Alternative zur tatsächlichen Welt (mit ihren vielfältigen moralischen Übeln), die in Wahrheit nur *eine* mögliche Alternative zu dieser tatsächlichen Welt ist. Diese Alternative ist die Welt mit einem Menschen «als einer biologischen Maschine» (Kreiner I, S. 249; vgl. auch das in dieselbe Richtung gehende Zitat oben S. 103). Dabei bleibt unklar, was eigentlich genau eine «biologische Maschine» ist. Jedenfalls ist sie für Kreiner offenbar etwas so Furchtbares, daß sämtliche moralischen Übel dieser Welt dahinter verblassen müssen.

In welchem Sinn des Wortes, so müssen wir in diesem Zusammenhang fragen, wäre der Mensch insbesondere in jenen durchaus möglichen, alternativen Welten, die ich in meinen obigen Einwänden 1–4 skizziert habe – Welten, die entweder gar kein oder weit weniger moralisches Übel als die tatsächliche Welt enthalten –, eine «biologische Maschine»? Ich möchte den Leser auffordern, sich diese Frage in bezug auf jede einzelne dieser vier möglichen Welten selber zu beantworten: Ist etwa ein Mann in sexueller Hinsicht schon deshalb eine «biologische Maschine», weil ihm vielleicht jede Neigung zum Kindesmißbrauch sowie zur Vergewaltigung von Frauen abgeht? Und wäre Hitler eine «biologische Maschine» gewesen, wenn seine Disposition zum Antisemitismus sich in einer gewissen Vorliebe für «Judenwitze» erschöpft hätte?

Eine nüchterne Betrachtung spricht dafür, daß sich außer den natürlichen auch die moralischen Übel dieser Welt mit der Existenz eines sowohl allmächtigen als auch allgütigen Gottes nicht in Einklang bringen lassen. Nicht wenige Theologen wie gläubige Laien reagieren angesichts dieser für sie schwierigen Lage so, daß sie jegliche Detailerörterung der hier durchgeführten Art für abwegig erklären und behaupten, Gottes Eigenschaften – speziell Gottes Güte – ließen sich in menschlichen Kategorien eben nicht beurteilen. Die Antwort auf diese Strategie ist einfach: Wenn die genannte Behauptung zutrifft, so ist Gott jedenfalls nicht «gut» im *üblichen* Sinn des Wortes; und genau dies ist die These des Atheisten. Eine göttliche «Güte» andererseits, die mit jener Art von Güte, von der wir Menschen in unserer Welt eine Vorstellung haben, nichts gemein hat, ist ein leeres Wort ohne Bedeutung. Insbesondere wäre es sinnlos, an diese «Güte» irgendwelche Hoffnungen zu knüpfen.

Ist nach alledem mit dem Kontra-Argument des Übels die Existenz Gottes – eines allmächtigen und allgütigen göttlichen Wesens – widerlegt? Dies zu behaupten wäre eine Übertreibung. Vielleicht gibt es ja noch eine weitere, uns bisher unbekannte Brückenthese, die das Theodizee-Problem mit einiger Plausibilität löst. Oder vielleicht gibt es für eine bisherige Ad-hoc-Annahme, die im Zentrum einer schon bekannten Brückenthese steht, eines Tages eine ausreichende Begründung. Niemand kann dies ausschließen. Und niemand kann und sollte den Theisten daran hindern, erneut Versuche in eine dieser Richtungen zu unternehmen.

Daß dies angesichts der mehr als zweitausendjährigen Geschichte des Problems jedoch kein leichtes Unterfangen ist, mögen abschließend zwei Beispiele zeigen. Noch zu Beginn des 18. Jahrhunderts versucht der Philosoph Leibniz auf dem Hintergrund der «außer Zweifel stehenden» christlichen Lehre, wonach «die Zahl der ewig Verdammten ... unvergleichlich viel größer als die der Geretteten» ist – einer Lehre, die schon für Augustinus (S. 705) außer Zweifel stand –, das Theodizee-Problem wie folgt zu lösen. Zum einen seien möglicherweise «alle Sonnen von seligen Geschöpfen bewohnt, und nichts zwingt uns zu glauben, hier gäbe es viele Verdammte». Und zum anderen sei selbst unter ausschließlicher Betrachtung dieser Erde die Annahme «sehr stichhaltig..., daß der Ruhm und die Vollkommenheit der Seligen unverhältnismäßig größer ist als das Elend und die Unvollkommenheit der Verdammten und daß hier die Vortrefflichkeit des gesamten Guten der kleinsten Zahl von Menschen das gesamte Böse der größten Zahl überwiegt» (Leibniz II, S. 104 bzw. S. 392).

Selbst christliche Theologen würden heutzutage überwiegend zugeben, daß derartige Annahmen typische Ad-hoc-Annahmen sind, die sich nicht hinreichend begründen lassen und deshalb das Theodizee-Problem nicht wirklich lösen können. Statt dessen verfallen einige der gegenwärtigen Theologen auf Lösungsversuche des Problems, die fundamentalen christlichen Lehren sogar deutlich widersprechen. So möchte Kreiner, nachdem er selber einige dahingehende Ausweichmanöver seiner Kollegen schlagend widerlegt hat (Kreiner I, Kap. 2–8), das Problem, was speziell das Leiden der Tiere angeht (siehe oben S. 102), durch die folgende Konstruktion bewältigen: «Tiere müssen existieren, soll der Mensch entstehen können!» (Kreiner I, S. 388) Mit anderen Worten: Die Existenz von Tieren samt ihrer Leidensfähigkeit und ihrem tatsächlichen Leiden rechtfertigt sich damit, daß die Tiere eine notwendige Vorstufe im Prozeß der Evolution des Lebens hin zum Menschen (mit seiner alles andere Leben wertmäßig überragenden Eigenschaft der Willensfreiheit) bilden.

Kreiners Argumentationsbasis ist hier offensichtlich die Darwinsche Evolutionslehre der Entstehung des Menschen aus dem Tierreich; und diese Lehre mag tatsächlich zutreffen. Zusätzlich zu dieser Lehre muß Kreiner jedoch, wie er selbst sieht, annehmen, daß der Mensch nicht nur wirklich auf diese Weise entstanden *ist,* sondern daß der Mensch aus logischen Gründen auf keine andere, mit weniger Übel verbundene Weise entstehen *konnte.* Denn sonst hätte Gott ja diese andere Entstehungsweise wählen können und – als allgütiges Wesen – auch wählen müssen. Diese zusätzliche Annahme Kreiners aber, die sich als Sonderfall der Annahme der Einheit der Naturgesetze darstellt (siehe oben S. 93 ff.), hat nicht nur in hohem Maß den Anschein einer Ad-hoc-Annahme. Sie steht sogar in eklatantem Widerspruch zu einem zentralen Dogma christlichen Glaubens. Ich meine das Dogma, wonach Gott die Welt mit Mensch und Tier zunächst als völlig leidensfreies Paradies erschaffen hat, das erst durch die Ursünde von Adam und Eva in ihren jetzigen, mit Übel verbundenen Zustand geriet (siehe Genesis 1–3). Kreiner muß dieses Dogma nach seiner Brückenthese nicht nur für *falsch* halten. Er muß sogar der Meinung sein, daß die göttliche Erschaffung eines paradiesischen Zustandes mit Mensch und Tier *logisch unmöglich* ist. Es gibt zu denken, wenn ein katholischer Theologieprofessor offenbar zugeben muß, das Theodizee-Problem nur noch dadurch lösen zu können, daß er Aussagen der Bibel, die für den Christen Gottes Selbstmitteilung an den Menschen ist (vgl. S. 58), nicht nur für Falschaussagen, sondern sogar für logische Denkfehler hält!

Wer sich ein realistisches Bild vom Stellenwert des Tieres im Rahmen der christlichen Schöpfungslehre machen möchte, wird, wie ich an anderer Stelle im Detail gezeigt habe (Hoerster II, Kap. 1), an der Einsicht kaum vorbeikommen, daß die Leiden der Tiere Gott unberührt lassen. So hat er nach dem Sündenfall des ersten Menschenpaares offenbar auch für die Tiere, die nicht einmal sündigen *können*, dem paradiesischen Zustand einfach ein Ende gesetzt. Der bibeltreue Theologe Klaus Berger «rechtfertigt» das anschließende, bis heute nicht beendete Leiden der Tiere mit dem lakonischen Ausspruch: «Mitgefangen, mitgehangen» (Berger, S. 191).

Aber auch für die Menschen stellt sich nach christlicher Sichtweise die Lage, nachdem die Ursünde in der Welt ist, nicht viel anders dar: Das menschliche Jammertal hat «darin seinen Ursprung, daß der einzelne nicht individualistisch gesehen wird, sondern als Teil eines (im Heil oder im Unheil) lebenden Kollektivs. Und da gilt: Mitgefangen, mitgehangen» (Berger, S. 210). Wirft aber ein durchgängiges Vorgehen Gottes nach dem Prinzip «Mitgefangen, mitgehangen» nicht speziell auf sein moralisches Attribut der *Gerechtigkeit* ein mehr als zweifelhaftes Licht?

Kein Leser sollte es versäumen, die eingehende Erörterung der Frage, warum Gott das Übel zuläßt, im «Buch Ijob» der Bibel sorgfältig zu studieren. Die Quintessenz der biblischen Antwort auf die Frage kommt in der Tat in der Sichtweise Bergers (siehe auch das

Berger-Zitat oben S. 6) treffend zum Ausdruck. Daß diese biblische Antwort als einer «der genialsten Versuche, auf diese Frage zu antworten» (so Höffe, S. 254) betrachtet werden kann, muß man jedenfalls aus *philosophischer* Perspektive bezweifeln. Mein Fazit deckt sich eher mit dem John Stuart Mills (oben S. 6).

Schließlich sei noch darauf hingewiesen, daß auch die ewige Höllenstrafe, wie sie speziell der christliche Glaube dem Menschen unter bestimmten Voraussetzungen androht (siehe S. 84 ff.), nur schwerlich mit dem Konzept eines allgütigen Gottes zu vereinbaren sein dürfte. Denn, wie Hume schreibt, «Strafe muß nach *unseren* Begriffen in einem gewissen Verhältnis zu dem jeweiligen Vergehen stehen. Warum dann ewige Strafen für die zeitlichen Vergehen eines so schwachen Geschöpfes wie des Menschen?» (Hume III, S. 53). Auch manche zeitgenössischen Theologen scheinen dies als problematisch anzusehen. So plädiert Küng dafür, die Ewigkeit der Höllenstrafe nicht «im strengen Sinn», sondern im Sinn von «unbestimmt lang» zu verstehen (Küng I, S. 231). Allerdings hält der Theologe offenbar eine dementsprechende Interpretation der «ewigen Himmelsfreuden» für überflüssig.

Alles in allem geht kein Weg an der Feststellung vorbei, daß jedenfalls auf dem gegenwärtigen Stand unseres Wissens die Existenz eines ebenso allmächtigen wie allgütigen göttlichen Wesens angesichts der vielfältigen Übel der Welt als *äußerst unwahrscheinlich* gelten muß. Zwar verschwindet das Theodizee-Problem dann (bzw. es stellt sich erst gar nicht), wenn man darauf verzichtet, jenem göttlichen Wesen, an das man glaubt, sowohl Allmacht als auch Allgüte zuzuschreiben. Ein solches Vorgehen würde jedoch dem monotheistischen Gottesbegriff nicht gerecht. Insbesondere der *christliche* Gottesglaube ist dadurch gekennzeichnet, daß Gott «in sich unendlich vollkommen» ist (*Katechismus der Katholischen Kirche,* Nr. 1; vgl. auch Offenbarung 15,3-4).

VIII. Schluß: Wie überlebt der Gottesglaube?

Ist mit alledem nun die Existenz Gottes widerlegt? Oder haben vielmehr jene Menschen recht, die behaupten, die Existenz Gottes lasse sich gar nicht widerlegen, ebensowenig wie sie sich beweisen lasse? Ohne Zweifel haben sie recht – sofern man die Begriffe «widerlegen» und «beweisen» in einem sehr strengen Sinn versteht! Unrecht haben sie jedoch, wenn die obige Frage in dem folgenden, eher realistischen Sinn verstanden wird: Gibt es ausreichende rationale Gründe, an die Existenz Gottes zu glauben? Oder gibt es solche Gründe nicht? So verstanden, ist nach meiner Überzeugung, wie unsere Überlegungen im einzelnen gezeigt haben, die Existenz Gottes in der Tat «widerlegt»: Es gibt *keine* ausreichenden rationalen Gründe, an die Existenz Gottes zu glauben.

Als gänzlich ungeeignet haben sich insoweit die in den Kapiteln V und VI untersuchten praxisbezogenen Gründe erwiesen. Und zwar haben sie dies sogar unter der recht zweifelhaften Voraussetzung getan, daß es prinzipiell überhaupt als rational gelten kann, allein aus praxisbezogenen Gründen Annahmen über die Wirklichkeit zu machen. Auch der in Kapitel IV erörterte Gottesbeweis «durch Offenbarung» besitzt – jedenfalls für die Existenz des monotheistischen Gottes – keine Überzeugungskraft. Die relativ größte Plausibilität kommt auch heute noch jenen klassischen Gottesbeweisen rein theoretischer Art zu, die wir in Kapitel III behandelt haben.

An dieser Stelle möchte ich noch in aller Deutlichkeit auf einen sehr wichtigen Punkt hinweisen, der von Theisten gern übersehen wird. Derjenige, der die Existenz von X behauptet, und nicht derjenige, der die Existenz von X bezweifelt oder auch bestreitet, trägt für sein Urteil die *Begründungslast*. Dies gilt nicht nur, was kaum jemand bestreiten würde, für die Existenz etwa des Yeti. Es gilt genauso für die Existenz Gottes: Den Theisten, der den Gottesglauben für rational hält, trifft erkenntnistheoretisch gesehen die Verpflichtung, als erster irgendwelche Pro-Argumente *für* diesen Glauben vorzubringen. Natürlich trifft daraufhin den Atheisten die

Verpflichtung, sich mit diesen Pro-Argumenten auseinanderzusetzen und sie zu entkräften. Der Atheist ist jedoch *nicht* von vornherein verpflichtet, eigenständige Kontra-Argumente gegen den Gottesglauben vorzubringen. Sofern es ihm gelingt, die vorgebrachten Pro-Argumente zu entkräften, darf er sich getrost zurücklehnen und in gelassener Skepsis warten, bis dem Theisten neue und bessere Pro-Argumente einfallen.

Dieser Umstand aber hat eine sehr wichtige Konsequenz, was die genannten klassischen Gottesbeweise speziell im Zusammenhang mit dem gravierenden Problem des Übels angeht: Der Atheist geht mit seinen in Kapitel VII in Anbetracht des Übels formulierten Kontra-Argumenten *gegen* die Existenz Gottes über sein Soll jenen Gottesbeweisen gegenüber deutlich hinaus. Der Atheist braucht nämlich im Grunde, um ihre tatsächliche Überzeugungskraft für die Existenz Gottes ablehnen zu dürfen, gar nicht zu zeigen, daß der Gottesglaube mit unserem allgemeinen Kenntnisstand über die Welt (und ihre Übel) nicht *vereinbar* ist. Es reicht völlig aus, wenn er – im Widerspruch zu den Pro-Argumenten des Theisten – zeigen kann, daß der Gottesglaube aus unserem allgemeinen Kenntnisstand über die Welt jedenfalls nicht (weder logisch noch sonstwie) *ableitbar* ist.

Der Unterschied zwischen Vereinbarkeit und Ableitbarkeit ist bei argumentativen Folgerungen nicht selten von entscheidender Bedeutung. Ein einfaches Beispiel: Aus der Tatsache, daß mein Nachbar in einem bescheidenen Haus wohnt, läßt es sich sicher nicht *ableiten,* daß er ein reicher Mann ist. Wohl aber läßt es sich mit dieser Tatsache durchaus *vereinbaren* – und auf der Basis weiterer Informationen über ihn auch überzeugend dartun –, daß er ein reicher Mann ist. Es ist, generell gesprochen, argumentativ viel aufwendiger und schwieriger, die Ableitbarkeit von Satz x aus Satz y aufzuzeigen als die Vereinbarkeit der beiden Sätze.

Der Vertreter des kosmologischen bzw. des teleologischen Argumentes für die Existenz Gottes muß nun aber angesichts der ihm obliegenden Begründungslast durchaus die *Ableitbarkeit* der Existenz Gottes aus der Existenz der Welt (mit ihrem Übel!) behaupten. Und solange ihm dies nicht gelungen ist, brauchte sein Opponent eigentlich gar keine Argumente gegen die *Vereinbarkeit* von Gott und Übel vorzubringen. Ja, der Atheist könnte eine solche Vereinbarkeit sogar ausdrücklich zugestehen und trotzdem die beiden Gottesbeweise als unzureichend ablehnen. Der Theist befindet sich in Wahrheit also, was die von ihm zu erbringende Begründung für die Existenz eines (allmächtigen und allgütigen) Gottes angeht, in einer noch weit größeren Bredouille, als unsere Erörterung des Für und Wider der bloßen Vereinbarkeit von Gott und Übel in Kapitel VII gezeigt hat.

Daß die erforderliche Ableitbarkeit aber *keinesfalls* gegeben ist, ist nahezu eine Trivialität. Denn sonst müßte der Theist ja folgendes zeigen können: Die Welt mit all ihrem natürlichen und moralischen Übel ist geradezu ein Beleg dafür, daß derjenige, der ebendiese Welt zu verantworten hat, allmächtig ebenso wie allgütig ist. Es ist aber ganz offensichtlich erkenntnistheoretisch unzulässig, einer Ursache, auf deren Existenz man allein aus der Beobachtung einer bestimmten *Wirkung* schließen kann, andere Eigenschaften zuzuschreiben als solche, die die Hervorbringung ebendieser Wirkung auch erklären können.

Da wir in der Welt nun aber zweifellos sowohl gute wie schlechte Phänomene in Fülle vorfinden, spricht ebensowenig für einen ausschließlich wohlwollenden wie für einen ausschließlich übelwollenden Verursacher oder Schöpfer dieser Welt. Falls es tatsächlich einen einzigen, mit Allmacht ausgestatteten Schöpfer der Welt gibt, so spricht die Beschaffenheit dieser Welt vielmehr eindeutig dafür, daß ihr Schöpfer «das Gute dem Übel ebensowenig vorzieht wie die Hitze der Kälte, die Trockenheit der Feuchtigkeit oder die Leichtigkeit der Schwere» (Hume I, S. 119). Mit anderen Worten: Selbst wenn man tatsächlich die Existenz eines weitgehend göttlichen, unter anderem auch allmächtigen Wesens – den diversen in Kapitel III behandelten Einwänden zum Trotz – durch ein Pro-Argument aus dem Wesen der Welt ableiten kann, so spricht doch alles dafür, daß dieses göttliche Wesen nicht etwa allgütig, sondern moralisch indifferent ist!

Diese Behauptung darf man aufstellen, ohne auch nur ein einziges Kontra-Argument gegen den Gottesglauben im Sinn des eigentlichen Theodizee-Problems bemüht zu haben. Die Beweisschwierigkeit, in der sich der Theist speziell im Hinblick auf die göttliche Allgüte befindet, ist in Wahrheit also noch weit größer, als unsere Erörterung der Kontra-Argumente in Kapitel VII ergeben hat: Der Theist hat keine überzeugende Antwort auf die Frage, wie man angesichts des Zustandes der Welt rationalerweise überhaupt auf die Idee verfallen kann, an einen Weltschöpfer zu glauben, der allgütig ist.

Wenn man dem Weltschöpfer aber unbedingt ein moralisches Prädikat verleihen will, so könnte man ebensogut wie von einem «allgütigen» von einem «allbösen» Gott sprechen und sich zur Lösung des nunmehr entstehenden *Problems des Guten* die passenden Brückenthesen ausdenken! Jedoch: «Die Menschen wünschen sich die Welt als gut. Daher haben sie Nachsicht mit schlechten Argumenten, die die Welt als gut erweisen» (Russell, S. 590).

Die Strategie der heutigen Theologen, sofern sie sich der Frage nach der Begründung des Gottesglaubens überhaupt noch widmen, ist häufig eine zweifache: Sie streiten einfach ab, daß die Annahme der Existenz Gottes überhaupt irgendwelcher Pro-Argumente bedarf; beziehungsweise sie definieren «Gott» in einer Weise, die die Existenz Gottes, konsequent betrachtet, zu einer folgenlosen Leerformel werden läßt.

Ein deutliches Beispiel für die erste Version bietet etwa (trotz seiner blumigen Ausschmückung) das obige Zitat von Wolfhart Pannenberg (S. 6). Vergleichsweise sehr direkt behauptet Dietmar Mieth: «Gott wäre verfügbar, wenn man seine Existenz legitimieren könnte. Seine Rechtfertigung ist jedoch nicht möglich, und er bedarf ihrer auch nicht» (zitiert nach: Gesang, Buchrückseite). In beiden Fällen handelt es sich offenkundig um eine reine Immunisierungsstrategie, die vor 150 Jahren schon Arthur Schopenhauer sarkastisch kommentierte (siehe oben S. 6). Wie kann man ernsthaft – ob explizit oder implizit – behaupten, eine Annahme bedürfe gar keiner Begründung, die seit mehr als zweitausend Jahren unter den Menschen – Philosophen wie Nicht-Philosophen, Gebildeten wie Ungebildeten – umstritten ist? (Nach Mitteilung der *Katholischen Nachrichten-Agentur* vom 18.6.1997 liegt in Deutschland der Bevölkerungsanteil derjenigen, die an Gott glauben, nur noch unter 50%.) Wer mit den intelligenten und ausgeklügelten Pro-Argumenten von Denkern früherer Jahrhunderte vertraut ist, muß sich fragen, welche Bevölkerungsschichten heutige Theologen mit dieser Strategie erreichen möchten.

Für die zweite Version bietet Hans Küng ein gutes Beispiel. Er beschreibt Gott als «*die absolute-relative, diesseitig-jenseitige, transzendent-immanente, allesumgreifend-allesdurchwaltende wirklichste Wirklichkeit im Herzen der Dinge, im Menschen, in der*

Menschheitsgeschichte, in der Welt» (Küng II, S. 216). Nach seiner Sichtweise ist Gott *«durch keinen Begriff zu begreifen, durch keine Aussage voll auszusagen, durch keine Definition zu definieren: er ist der Unbegreifliche, Unaussagbare, Undefinierbare»* (Küng II, S. 659). Denn «Gott – im Tiefsten und Letzten verstanden – kann nie einfach Objekt, ein Gegenstand sein. Gott wäre dann der Götze der Menschen.» Deshalb ist Gott «per definitionem das Un-definierbare», nämlich «die Dimension Unendlich, die in all unserem alltäglichen Rechnen verborgen präsent ist, auch wenn wir sie nicht wahrnehmen – außer eben in der Infinitesimalrechnung, die bekanntlich zur höheren Mathematik gehört» (Küng I, S. 21).

So verschwommen vielsagend und eben damit nichtssagend läßt sich das Wort «Gott» natürlich auch verstehen. Wenn man dann jedoch nach Argumenten für die Existenz dieses Gottes fragt, so kann man eigentlich nur mit den Achseln zucken bzw. Mieth voll zustimmen: Eine Begründung für die Annahme seiner Existenz ist weder möglich noch nötig. Und wenn man weiterfragt, welche *Konsequenzen* sich aus der Annahme der Existenz dieses Gottes in theoretischer oder praktischer Hinsicht für den Menschen ergeben, so kann die Antwort nur lauten: «gar keine». Ein «Gott», der nicht als einzig, nicht als ewig, nicht als Person, nicht als vollkommen, nicht als Ursprung der Welt, nicht als Erhalter der Welt (vgl. S. 13) charakterisierbar ist, ja mit dem wir *überhaupt keine* in sich stimmige, positive Eigenschaft verbinden können, *kann* für unser Leben gar keine erkennbare Bedeutung gewinnen. (Siehe schon S. 14 f.)

So gesehen käme natürlich jegliche Theologie als «Lehre von Gott» zum Erliegen. Es überrascht deshalb nicht, daß jene Theologen, die den genannten Gottesbegriff vertreten, in ihrer Sichtweise alles andere als konsequent sind. So bekennt sich Küng an passender Stelle durchaus zum Gott der Bibel, den er zutreffend als *«Gott mit menschlichem Antlitz»* bezeichnet (Küng II, S. 726 ff.). Ein ernsthaftes Problem scheint der Theologe dabei in der Kombination der beiden Gottesbegriffe – des undefinierbaren Gottes und des Gottes der Bibel – nicht zu sehen. Es muß uns, wie er schreibt, nur gelingen, *«das Verhältnis* wahrhaft dialektisch *zu sehen: Der Gott der Philosophen ist im Gott der Bibel im besten, dreifachen Sinn des Wortes ‹aufgehoben›* – affirmiert, negiert und transzendiert in einem!» (Küng II, S. 728.) Außerdem muß man bedenken, daß *«der Gottesglaube eine Sache nicht nur der menschlichen Vernunft, son-*

dern des ganzen konkreten lebendigen Menschen: mit Geist und Leib, Vernunft und Trieben» ist (Küng II, S. 631).

Deshalb sind wir laut Küng auf denselben Gott, dessen Wesen wir gar nicht begreifen können, für die Zwecke der Moralbegründung und der Sinngebung nicht nur notwendig angewiesen (siehe oben S. 51 f. und S. 74 f.). Der unbegreifliche und undefinierbare Gott scheint uns für diese praktischen Zwecke auch ohne weiteres «verfügbar» zu sein! Wie all dies miteinander vereinbar sein soll, bleibt völlig im dunkeln. Jedenfalls gelingt es Küng mit seiner nie erlahmenden Rhetorik meisterhaft, *irgendwo* auf den 878 Seiten seines Buches *Existiert Gott?* jeder nur denkmöglichen Position zur Gottesfrage Tribut zu zollen.

Derjenige, dem Küngs in heutigen Intellektuellenkreisen vielbewundertes Buch zu lang ist, sollte statt dessen wenigstens das im selben Geist verfaßte Buch von Heiner Geißler lesen, der Anregungen hierzu, wie er abschließend schreibt, «vor allem dem Buch von Hans Küng» verdankt (Geißler, S. 141). Dem Leser jedoch, der sich außerdem eine detailliertere und noch deutlichere Kritik der Küngschen Verteidigungsstrategie des Gottesglaubens zumuten möchte als die oben von mir geübte, empfehle ich Albert (passim), Buggle (Teil II) sowie Mackie (S. 380 ff.).

Die Problemstellung des vorliegenden Buches war bewußt eine begrenzte: Es ging um die Frage nach der Rationalität des Glaubens an den traditionellen Gott des Monotheismus, insbesondere der christlichen Religion. Die Antwort auf diese Frage ist negativ ausgefallen. Manche unserer Überlegungen hatten dabei sicher auch eine gewisse Relevanz für die Frage nach der Existenz eines bloß «göttlichen Wesens» (siehe oben S. 13); dies trifft vor allem auf die Erörterungen in den Kapiteln III und VII zu. Bezeichnenderweise hält der große Aufklärer David Hume trotz all seiner Kritik am Gottesglauben die Annahme für nicht ganz abwegig, daß «das ursprüngliche Ordnungsprinzip» im Universum eine gewisse «entfernte Ähnlichkeit» mit menschlicher Intelligenz hat (Hume I, S. 129).

Thema dieses Buches war insbesondere nicht die Rationalität eines – in einem allgemeinen Sinn verstandenen – «religiösen Glaubens», obschon einige unserer Überlegungen (in Kapitel IV) auch für dieses Thema nicht ohne Relevanz waren. Es gibt zahllose Formen und Arten «religiösen Glaubens», von denen viele in ihren spezifischen Inhalten einander in massiver Weise logisch widersprechen. Was aber den gemeinsamen Nenner allen «religiösen Glaubens» ausmacht, ist nicht leicht in klare Worte zu fassen (vgl. oben S. 47 ff.). Manche Definitionen sind für Personen, denen gewisse Erfahrungen abgehen, in ihrer Bedeutung nicht einmal verständlich.

Wenn der von vielen protestantischen Theologen hochgeschätzte Friedrich Schleiermacher zum Beispiel schreibt: «Religion ist Sinn und Geschmack fürs Unendliche» (Schleiermacher, S. 36), so weiß ich beim besten Willen nicht, was er damit meint. Ich habe zwar einen gewissen *Begriff* vom Unendlichen (etwa von einer unendlichen Reihe von Zahlen); ein *Sinn und Geschmack* fürs Unendliche erscheint mir jedoch als ebenso mysteriös wie etwa ein Sinn und Geschmack für das Nichts oder ein Sinn und Geschmack für Küngs «wirklichste Wirklichkeit». Außerdem kann ich nicht nachvollziehen, wie man zu etwas Unendlichem, über dessen *sonstige* Eigenschaften man keinerlei Annahmen macht, auch nur annähernd jene emotionale und lebenspraktische Haltung einnehmen kann, wie sie für den gläubigen Monotheisten seinem Gott gegenüber typisch ist.

Was bleibt speziell vom Gottesglauben – ganz unabhängig davon, ob er nun rational ist oder nicht? Wird der Gottesglaube in unserer Gesellschaft bzw. in der Welt auch weiterhin eine Rolle spielen? Das hängt von vielerlei Gegebenheiten – besonders psychologischer und soziologischer Natur – und ihrer künftigen Entwicklung ab. Der Leser vergleiche hierzu die sehr aufschlußreiche – komprimierte und doch vielschichtige – Erklärung, die Mackie für das Phänomen des Gottesglaubens in seiner *bisherigen* Entwicklung gibt (Mackie, S. 297 ff.). Was man in diesem Zusammenhang mit einiger Sicherheit sagen kann, ist immerhin dies: Rationale Überlegungen von der hier angestellten Art – ganz gleichgültig, ob es sich um Pro- oder Kontra-Argumente handelt – waren für die breite gesellschaftliche Einstellung zum Gottesglauben bzw. zur Religion schon immer ohne nennenswerte Bedeutung.

Es wäre mehr als überraschend, wenn sich an diesem Zustand ausgerechnet in einer modernen demokratischen Mediengesellschaft mit ihren öffentlichen «Diskursen» etwas ändern sollte. Wohl zu keiner früheren Zeit trafen auf die religiösen Meinungsführer der Gesellschaft die folgenden Sätze in einem solchen Maße zu wie heute: «Wenn es sich um Fragen der Religion handelt, machen sich die Menschen aller möglichen Unaufrichtigkeiten und intellektuellen Unarten schuldig... Kein vernünftiger Mensch wird sich in anderen Dingen so leichtsinnig benehmen und sich mit so armseligen Begründungen seiner Urteile, seiner Parteinahme zufrieden geben» (Freud, S. 355).

Wenn noch Kant glaubte, «eine Religion, die der Vernunft unbedenklich den Krieg ankündigt, wird es auf die Dauer gegen sie nicht aushalten» (Kant II, S. 657), so wäre es inzwischen wohl zutreffender zu sagen: «Eine Religion, die der Vernunft einfach den Rücken kehrt, wird auf die Dauer auch von ihr verschont bleiben.»

IX. Epilog

Schon vor über 200 Jahren schrieb der französische Philosoph Paul-Henry d'Holbach: «Wenn ein Gott existierte und wenn dieser Gott ein von Gerechtigkeit, Vernunft und Güte erfülltes Wesen wäre, was hätte ein tugendhafter Atheist dann zu fürchten, der im Moment seines Todes – in der Annahme, für immer zu entschlafen – einem Gott gegenüberstände, den er Zeit seines Lebens verkannt und ignoriert hat? ‹O Gott, der du dich unsichtbar gemacht hast›, würde er sagen, ‹unbegreifliches Wesen, das ich zu entdecken nicht fähig war, verzeih mir, daß der beschränkte Verstand, den du mir gabst, dich nicht hat erkennen können. War es mir denn möglich, dein geistiges Wesen mit Hilfe meiner Sinne zu erfassen? Mein Geist vermochte sich nicht der Autorität einiger Menschen zu beugen, die über dich so wenig wissen konnten wie ich und die allein darin übereinstimmten, mich lauthals zum Opfer jener Vernunft aufzufordern, die du mir geschenkt hattest.›» (Holbach, S. 483 f.).

Nachbemerkung zur Neuauflage

Nach Erscheinen der ersten Auflage dieses Buches ist mir mehrfach – wenn nicht wörtlich, dann sinngemäß – entgegengehalten worden, ich würde meiner Kritik am Gottesglauben «ein Bild von Theologie, insbesondere katholischer Fundamental- und Moraltheologie» zugrundelegen, «das einer längst entschwundenen Zeit entstammt und so weder gelehrt noch gelebt wird» (so in der Freiburger Zeitschrift für Philosophie und Theologie 2005, S. 402). Die Behauptung mag richtig sein. Ich halte es trotzdem für völlig legitim, daß ich in meinen Ausführungen zum Inhalt des christlichen Glaubens auf die *Bibel* und zum Inhalt des katholischen Glaubens auf das *kirchliche Lehramt* (mit jeweils zahlreichen Zitaten) Bezug nehme. Falls die Bibel und das kirchliche Lehramt in Lehre und Leben heutiger Theologen keine Rolle mehr spielen, bedauere ich dies.

Ich bedauere es nicht deshalb, weil das Bild des Glaubens, das heutige Theologen haben, mir etwa die Kritik erschwert. Ich bedauere es, weil dieses Bild anders als das überkommene Bild häufig derart unklar oder sogar widersprüchlich ausfällt, daß sich jede Kritik an seinem *Inhalt* erübrigt (vgl. schon S. 14f. und S. 117ff.). Damit irgendeine Annahme rational vertretbar sein soll, muß sie 1. hinreichend klar und widerspruchsfrei formuliert sein und 2. mit einer plausiblen Begründung verbunden sein. Falls die erste Bedingung nicht erfüllt ist, ist eine Diskussion über die zweite Bedingung sinnlos. Wenn die Glaubens- und Morallehren heutiger Theologen bei vielen Zeitgenossen besser ankommen als die traditionelle Lehre, so zeigt dies vor allem, wie sehr die Theologie inzwischen von der Politik gelernt hat.

Verzeichnis der zitierten Literatur

Albert, Hans: *Das Elend der Theologie*. Kritische Auseinandersetzung mit Hans Küng, erweiterte Neuaufl., Aschaffenburg 2005.

Augustinus, Aurelius: *Vom Gottesstaat*. Buch 11 bis 22, München 1978.

Berger, Klaus: *Wie kann Gott Leid und Katastophen zulassen?* Neuaufl., Gütersloh 1999.

Buggle, Franz: *Denn sie wissen nicht, was sie glauben*, erweiterte Neuaufl., Aschaffenburg 2004.

Darwin, Charles: *Autobiography*, in: Ch. D./Thomas Henry Huxley: *Autobiographies*, edited by Gavin de Beer, London 1974.

Denzinger, Heinrich: *Kompendium der Glaubensbekenntnisse und kirchlichen Lehrentscheidungen*, hrsg. von Peter Hünermann, 39. Aufl., Freiburg i. Br. 2001.

Dostojewskij, Fjodor M.: *Die Brüder Karamasow*, München 1978.

Faulhaber, Michael: *Zeitrufe – Gottesrufe*, Freiburg i. Br. 1932.

Freud, Sigmund: *Die Zukunft einer Illusion*, in: S. F., *Gesammelte Werke*, hrsg. von Anna Freud, Band 14, 5. Aufl., Frankfurt a. M. 1976.

Geißler, Heiner: *Wo ist Gott?* 2. Aufl., Reinbek 2003.

Gesang, Bernward: *Angeklagt: Gott*, Tübingen 1997.

Hanauer, Josef: *Konnersreuth als Testfall*, München 1972.

Die Heilige Schrift. Einheitsübersetzung, Stuttgart 1980.

Höffe, Otfried: *Immanuel Kant*, 6. Aufl., München 2004.

Hoerster, Norbert (Hoerster I): *Ethik und Interesse*, Stuttgart 2003.

Hoerster, Norbert (Hoerster II): *Haben Tiere eine Würde?* Grundfragen der Tierethik, München 2004.

Holbach, Paul-Henry d': *Système de la Nature*, Bd. 2, Hildesheim 1994.

Hume, David (Hume I): *Dialoge über natürliche Religion*, hrsg. von Norbert Hoerster, Stuttgart 1981.

Hume, David (Hume II): *An Inquiry concerning Human Understanding*, edited by L. A. Selby-Bigge, 3. Aufl., Oxford 1975.

Hume, David (Hume III): *Über die Unsterblichkeit der Seele*, in: Norbert Hoerster (Hrsg.), *Religionskritik*, Stuttgart 1984.

James, William: *Die Vielfalt religiöser Erfahrung*, Frankfurt a. M. 1997.

Jone, Heribert: *Katholische Moraltheologie auf das Leben angewandt*, 18. Aufl., Paderborn 1961.

Kant, Immanuel (Kant I): *Kritik der praktischen Vernunft*, in: I. K., *Werke in sechs Bänden*, hrsg. von Wilhelm Weischedel, Bd. 4, Darmstadt 1963.

Kant, Immanuel (Kant II): *Die Religion innerhalb der Grenzen der bloßen Vernunft*, in: I. K., *Werke in sechs Bänden*, hrsg. von Wilhelm Weischedel, Bd. 4, Darmstadt 1963.

Katechismus der Katholischen Kirche, München 2003.

Katholischer Erwachsenen-Katechismus. Das Glaubensbekenntnis der Kirche, hrsg. von der Deutschen Bischofskonferenz, 4. Aufl., München 1989.

Der Koran, Stuttgart 1970.

Kreiner, Armin (Kreiner I): *Gott im Leid. Zur Stichhaltigkeit der Theodizee-Argumente*, Freiburg i. Br. 1997.

Kreiner, Armin (Kreiner II): *Gott und das Leid*, 4. Aufl., Paderborn 1999.

Kreiner, Armin (Kreiner III): *Das Theodizee-Problem und Formen seiner argumentativen Bewältigung*, Ethik und Sozialwissenschaften 2001, S. 147 ff.

Kreiner, Armin (Kreiner IV): *Theodizee und Atheismus*, in: Perry Schmidt-Leukel (Hrsg.), *Berechtigte Hoffnung*, Paderborn 1995, S. 99 ff.

Küng, Hans (Küng I): *Credo. Das Apostolische Glaubensbekenntnis – Zeitgenossen erklärt*, München 1995.

Küng, Hans (Küng II): *Existiert Gott?* 2. Aufl., München 2001.

Lehmann, Karl (Lehmann I): *Es ist Zeit, an Gott zu denken. Ein Gespräch mit Jürgen Hoeren*, Freiburg i. Br. 2000.

Lehmann, Karl (Lehmann II): *Mut zum Umdenken. Klare Positionen in schwieriger Zeit*, Freiburg i. Br. 2002.

Leibniz, Gottfried Wilhelm (Leibniz I): *Über den ersten Ursprung der Dinge*, in: G. W. L., *Fünf Schriften zur Logik und Metaphysik*, hrsg. von Herbert Herring, Stuttgart 1978.

Leibniz, Gottfried Wilhelm (Leibniz II): *Versuche in der Theodicée über die Güte Gottes, die Freiheit des Menschen und den Ursprung des Übels*, Hamburg 1996.

Luther, Martin: *Werke*. Kritische Gesamtausgabe, Weimar 1883 ff. (Einige Zitate sind heutigem Deutsch angeglichen.)

Luther Lesebuch, hrsg. von Christian Gremmels, Darmstadt/Neuwied 1983.

Mackie, John Leslie: *Das Wunder des Theismus*, Stuttgart 1985.

Mill, John Stuart: *An Examination of Sir William Hamilton's Philosophy*, 4. Aufl., London 1872.

Pannenberg, Wolfhart: *Was ist der Mensch?*, 6. Aufl., Göttingen 1981.

Pascal, Blaise: *Gedanken über die Religion und einige andere Themen*, hrsg. von J.-R. Armogathe, Stuttgart 1997.

Ratzinger, Joseph: *Eschatologie – Tod und ewiges Leben*, 6. Aufl., Regensburg 1990.

Russell, Bertrand: *A History of Western Philosophy*, New York 1945.

Schleiermacher, Friedrich: *Über die Religion. Reden an die Gebildeten unter ihren Verächtern*, Stuttgart 1969.

Schopenhauer, Arthur (Schopenhauer I): *Parerga und Paralipomena,* in: A. S., *Sämtliche Werke,* hrsg. von Arthur Hübscher, Fünfter Band, 3. Aufl., Wiesbaden 1972.

Schopenhauer, Arthur (Schopenhauer II): *Über die vierfache Wurzel des Satzes vom zureichenden Grunde,* in: A. S., *Sämtliche Werke,* hrsg. von Arthur Hübscher, Erster Band, 3. Aufl., Wiesbaden 1972.

Singer, Peter: *Der Präsident des Guten und Bösen.* Die Ethik George W. Bushs, Erlangen 2004.

Sölle, Dorothee: *Atheistisch an Gott glauben.* Beiträge zur Theologie, München 1983.

Spaemann, Robert: *Personen,* 2. Aufl., Stuttgart 1998.

Streminger, Gerhard: *Gottes Güte und die Übel der Welt.* Das Theodizeeproblem, Tübingen 1992.

Swinburne, Richard: *Die Existenz Gottes,* Stuttgart 1987.

Thomas von Aquin: *Summa theologica,* deutsch-lateinische Ausgabe, hrsg. von der Albertus-Magnus-Akademie Walberberg, 36. Band, Heidelberg u. a. 1961.

Tugendhat, Ernst: *Egozentrizität und Mystik.* Eine anthropologische Studie, München 2003.

Voltaire: *Gedanken regieren die Welt.* Eine Auswahl, hrsg. von Wolfgang Kraus, Zürich 1987.

Die Mottos am Anfang des Buches sind entnommen aus: 1. Denzinger, Nr. 2751; 2. Hume I, S. 71; 3. Pannenberg, S. 13; 4. Schopenhauer I, S. 119; 5. Berger, S. 181; 6. Mill, S. 129. Die Bibelzitate sind entnommen aus dem Buch *Die Heilige Schrift.* Die Zitate aus fremdsprachigen Büchern wurden vom Autor übersetzt.

Literaturempfehlungen

Die Anzahl der Bücher und Aufsätze zur philosophischen Frage nach Gott ist – jedenfalls im angelsächsischen Sprachraum – groß. Ich beschränke mich auf die Nennung von vier modernen, sehr eingehenden und in deutscher Sprache vorliegenden (vorangehend verzeichneten) Büchern der folgenden Autoren: Swinburne, Kreiner (I), Mackie und Streminger. Diese Bücher sind von meinem Standpunkt aus besonders lesenswert. Die beiden erstgenannten Autoren vertreten eine theistische, die beiden letztgenannten eine atheistische Position.